演習 保育内容 表現
― 基礎的事項の理解と指導法 ―

岡　健
金澤妙子　編著

今川恭子
岩田遵子
岡田たつみ
児嶋輝美
坂本喜一郎
田代幸代
堂本真実子　共著

建帛社
KENPAKUSHA

はじめに

　皆さんは，保育の専門家になるために，それぞれの養成課程のカリキュラムの中で，保育内容の基礎的事項ならびに指導法について，実践に基づいてより深く学ぶことが求められている。

　2018年度から新たな幼稚園教育要領，保育所保育指針，幼保連携型認定こども園教育・保育要領がスタートした。今般の改訂（定）では，幼稚園，保育所，幼保連携型認定こども園（以下，こども園と略記）のいずれにおいても幼児教育が行われることに決まった点は，大きな改訂（定）のポイントといえるだろう。また，小学校就学前までに育みたい資質・能力が示されるともに「幼児期の終わりまでに育ってほしい10の姿」が視点として明示された点も大きなポイントといってよい。ただし，その基本はやはり，これまでと同様に5領域の保育内容を通して育むとしている点は変わっていない。

　保育内容である「領域」ごとのねらいと内容の共通化が図られ，また，3歳児以上の保育内容の共通化や，3歳未満児の保育内容についても保育所とこども園の間で共通化が図られた点も確認しておく必要がある。

　さらに付け加えるならば，保育士養成課程を構成する科目であった「保育の表現技術」は「保育内容の理解と方法」へと変更されることに伴って，旧科目の目標の二つ目として掲げられていた「身体表現，音楽表現，造形表現，言語表現等の表現活動に関する知識や技術を習得する」はすべて削除され，新科目ではこれまでの目標に対して，「保育」における「子どもの生活と遊びを豊かに展開するために必要な知識や技術」の習得を目指す旨が付け加えられているのである。

　では改めて，「表現」について基礎的事項ならびに指導法を学ぶとは，どのようなことなのかを考えてみたい。

　そのためにはまず，「生活」「遊び」そしてその中にある子どもの「表現」とは何か，子どもの育ちを「表現」という視点から見つめるとはどの

ようなことなのかを，たくさんの事例を通しながら考えていくことが必要であろう。

　本書は，教職課程コアカリキュラムの教育内容をより具体的に示したモデルカリキュラムに準拠した内容と関連させて各章を編纂してあるのみならず（対応関係はp. iii－ivの対応表を参照），多くの章で，たくさんの具体的な事例を掲載することによって，子どもの姿がイメージしやすくなるような展開を心がけている。その結果として，これまで「表現」を学ぶことを，単に個別の表現技術それ自体の習熟と捉えていた視点からの脱却を皆さん方に対し促していくことになればと思っている。

　「子どもはこんな風に心を動かすんだ」「子どもはこうやって動いた心を表出しているんだ」「人に受け止められ，自分でもそれを確認する中で，こんなにも表出・表現は変化していくんだ」と，たくさんの驚きと，そこに寄り添う楽しさや魅力を感じてもらえたら幸いである。

　本書が，あなたの素敵な学びのガイドになることを期待して。

2019年6月

　　　　　　　　　　　　　　　　　　編著者を代表して　岡　　　健

A．モデルカリキュラム「幼児と表現」における到達目標と本書の対応項目

（1） 幼児の感性と表現

〈一般目標〉

幼児の表現の姿や，その発達を理解する。

〈到達目標〉	本書の対応章
1） 幼児の遊びや生活における領域「表現」の位置付けについて説明できる。	第1章，第6〜9章
2） 表現を生成する過程について理解している。	第2・3章，第6〜9章，第11章
3） 幼児の素朴な表現を見出し，受け止め，共感することができる。	第2・3章，第6〜10章

（2） 様々な表現における基礎的な内容

〈一般目標〉

身体・造形・音楽表現などの様々な表現の基礎的な知識・技能を学ぶことを通し，幼児の表現を支えるための感性を豊かにする。

〈到達目標〉	本書の対応章
1） 様々な表現を感じる・みる・聴く・楽しむことを通してイメージを豊かにすることができる。	第3章，第6〜9章
2） 身の周りのものを身体の諸感覚で捉え，素材の特性を生かした表現ができる。	第3章，第6〜9章
3） 表現することの楽しさを実感するとともに，楽しさを生み出す要因について分析することができる。	第3章，第5〜9章
4） 協働して表現することを通し，他者の表現を受け止め共感し，より豊かな表現につなげていくことができる。	第3章，第5〜9章
5） 様々な表現の基礎的な知識技能を生かし，幼児の表現活動に展開させることができる。	第5〜9章

B．モデルカリキュラム「保育内容「表現」の指導法」における到達目標と本書の対応項目

（1） 領域「表現」のねらい及び内容

〈一般目標〉

幼稚園教育要領に示された幼稚園教育の基本を踏まえ，領域「表現」のねらい及び内容を理解する。

〈到達目標〉	本書の対応章
1） 幼稚園教育要領における幼稚園教育の基本，領域「表現」のねらい及び内容並びに全体構造を理解している。	第1章，第4～6章
2） 領域「表現」のねらい及び内容を踏まえ，幼児が経験し身に付けていく内容と指導上の留意点を理解している。	第4～6章
3） 幼稚園教育における評価の考え方を理解している。	第1章，第4～6章
4） 領域「表現」に関わる幼児が経験し身に付けていく内容の関連性及び小学校の教科等とのつながりを理解している。	第5・6・11章

（2） 領域「表現」の指導方法及び保育の構想

〈一般目標〉

幼児の発達や学びの過程を理解し，領域「表現」に関わる具体的な指導場面を想定した保育を構想する方法を修得し身に付ける。

〈到達目標〉	本書の対応章
1） 幼児の心情，認識，思考及び動き等を視野に入れた保育構想の重要性を理解している。	第5～10章，第12章
2） 領域「表現」の特性及び幼児の体験との関連を考慮した情報機器及び教材の活用法を理解し，保育構想に活用することができる。	第5～10章，第12章
3） 指導案の構造を理解し，具体的な保育を想定した指導案を作成することができる。	第1・12章
4） 模擬保育とその振り返りを通して，保育を改善する視点を身に付けている。	第8・12章
5） 領域「表現」の特性に応じた保育実践の動向を知り，保育構想の向上に取り組むことができる。	第1・11・12章

目 次

第1章 保育者の専門性への誘い：「領域」をなぜ学ぶのか……………1

第2章 乳幼児の発達と「表現」……………………………………………8
 1．発達ということ…………………………………………………8
 2．表現ということ…………………………………………………9
 3．様々な発達と表現………………………………………………10
  （1）言葉の発達から見る　11
  （2）運動機能の発達から見る　12
  （3）知的機能の発達から見る　16
  （4）社会性の育ちから見る　17
  （5）情緒・心情の発達から見る　18

第3章 意味受容・意味生成としての身体…………………………………19
 1．「意味世界」としての私たちの生活世界………………………19
 2．意味を受容し，生成する身体…………………………………20
 3．同調する（響き合う）身体：音楽的表現の始源性……………22
  （1）他者と同調する（響き合う）身体　22
  （2）音楽的表現の「意味世界」の始源としての意義　23
 4．他者から距離を取り，止まる身体：記号表現・
  視覚表現の始まり………………………………………………24

第4章 領域「表現」のねらいと内容および評価…………………………27
 1．幼稚園教育・保育の基本と領域の考え方……………………27
  （1）「領域」とは何か　27
  （2）「視点」としての「領域」　28
 2．領域「表現」のねらいと内容…………………………………28
  （1）心情・意欲・態度をふまえた3つの「ねらい」　28
  （2）「ねらい」を達成するための内容　30
 3．幼稚園教育における評価の考え方……………………………33
  （1）保育における「評価」とは　33
  （2）「表現」の評価　34

4．幼稚園教育要領 領域「表現」の内容の取扱い……………35
　　5．資質・能力および10の姿………………………………37
　　　（1）育みたい資質・能力　37
　　　（2）幼児期の終わりまでに育ってほしい姿（10の姿）　38

第5章　「表現」を生む場をどう捉え，つくるか：「表現」と環境構成………40
　　1．表現を支える環境………………………………………40
　　2．子どもの姿………………………………………………41
　　　（1）5つの観点から　41
　　　（2）3つの場所で　42
　　　（3）子どもたちの姿から学ぶこと　44
　　3．感じて，働きかけて，表すことを支える環境構成………47
　　　（1）基本的な考え方　47
　　　（2）まとめ―環境構成の留意点　47

第6章　子どもの「生活」と「表現」……………………………50
[1] 受け止めること・表すこと……………………………50
　　1．表す存在としての子どもと育ち…………………………50
　　2．様々な表しと受け止め……………………………………51
　　　（1）泣く　52
　　　（2）ほほえむ・笑う　53
　　　（3）腕の動きを楽しんで　54
　　　（4）みんなで体を動かして　55
　　　（5）順番を待つすきに　57
　　　（6）壁面製作で　58
　　　（7）生活経験の中から　60
　　3．表しを受け止める楽しさ…………………………………62
[2] コミュニケーションとしての表現……………………63
　　1．見ること……………………………………………………63
　　2．まねること…………………………………………………64
　　3．見せること…………………………………………………65
　　4．一緒に動くこと・歌うこと………………………………66
　　5．聞くこと……………………………………………………68

6．やりとりすること······69
　　7．かけ合うこと······70
　　8．うかがうこと······71
　　9．話し合うこと······72
　　10．おしはかること······74

第7章　音楽的表現······75
　　1．音楽によるコミュニケーション······75
　　2．「会話」としての音楽······76
　　3．身体に訴えるリズムの力······77
　　4．楽しさを共につくる手遊びの魅力······78
　　5．表現を見せることとその過程を伝えること······79
　　6．楽しさを支える音楽的な能力の育ち······81
　　7．表現を客観的に捉える能力······82
　　8．音楽的表現を通して成長するということ······83

第8章　造形的表現······86
　　1．子どもが様々な素材に触れること······86
　　2．発見や心が動く経験を通して，子どものイメージや感性が
　　　豊かに育つこと〜2歳児の廃材を使った造形遊びを通して〜
　　　······87
　　　（1）様々な素材との出会い　88
　　　（2）子どもの「伝えたい」「分かってもらいたい」を支えるために　93
　　3．子どもが自分らしい様々な表現を存分に楽しむこと〜幼児
　　　のアトリエでのケーキづくり（粘土遊び）を通して〜······94

第9章　ごっこ遊び・劇的表現······100
　　1．ごっこ遊び······100
　　　（1）憧れの存在になりきって動く　101
　　　（2）友だちと絵本の世界を共有しながら自分のイメージで動く　102
　　　（3）友だちと協同してイメージの世界を実現する　103
　　　（4）ごっこ遊びの中で資質・能力が育つ　104
　　2．劇的表現······105
　　　（1）ごっこ遊びと劇的表現の類似点と相違点　105

（２）劇的表現における方法論的問題　　105
　　　（３）プロセスを大切にした劇的表現の創造　　106

第10章　表現を支える保育者の役割 ……………………………112
1. 表現を受け止める………………………………………………112
2. 事例から捉える保育内容………………………………………113
　　　（１）受け入れること，表現すること　　113
　　　（２）その子なりの表現　　114
　　　（３）心が動く体験　　115
　　　（４）歌で表し，歌から力をもらう　　116
　　　（５）批評を受け止め，発展させる　　117
　　　（６）表現を支える仲間関係　　118
3. 子どもと共に楽しむ……………………………………………120

第11章　領域「表現」をめぐる現代的な課題 ……………………121
1. 子どもの権利としての「意見表明」と「表現」……………121
　　　（１）「子どもの権利」という視座　　121
　　　（２）「子どもの権利」に向き合うために　　124
2. 小学校との接続・連携…………………………………………126
　　　（１）接続・連携の必要性と陥りやすい問題点　　126
　　　（２）さながらの生活に見る学びの姿　　128
　　　（３）接続・連携をどう模索するか　　129

第12章　子どもの表現を支える指導計画 …………………………132
1. 表現を支える指導計画…………………………………………132
2. 遊びを援助する保育者…………………………………………133
　　　（１）出来事に着目する　　133
　　　（２）見通しをもつ　　134
　　　（３）指導計画を立てることの意味　　135
3. 明日の保育を支える日案とその様式…………………………135
　　　（１）一般的な様式　　136
　　　（２）「保育マップ型記録」の様式　　138
　　　（３）「保育マップ型記録」による日案を可能にする遊びの園文化　　144

4．実践の評価と反省……………………………………*146*
　　5．保育の質の向上と第三者の視点……………………*149*
　　　（1）保育の質　　*149*
　　　（2）一人の限界　　*151*
　　　（3）様々な他者の視点　　*153*
　　6．表現を主とする行事と指導計画……………………*153*

付　録

学校教育法（抄）……………………………………………*156*
幼稚園教育要領（抄）………………………………………*156*
保育所保育指針（抄）………………………………………*159*
就学前の子どもに関する教育，保育等の総合的な提供の推進に
　関する法律（抄）…………………………………………*164*

第1章 保育者の専門性への誘い：「領域」をなぜ学ぶのか

📖 予習課題

1. 「領域」と「教科」について，言葉からイメージされるものを書き出してみよう。
2. その上で，何が違っているのか，友だちと話してみよう。

2017（平成29）年3月に幼稚園教育要領の改訂が告示された。この告示に先だって「幼稚園，小学校，中学校，高等学校及び特別支援学校の学習指導要領等の改善及び必要な方策等について（答申）」（中教審第197号）が示されているが，そこには次のような記載がある。

> 幼児教育においては，幼児期の特性から，この時期に育みたい資質・能力は，<u>小学校以降のような，いわゆる教科指導で育むのではなく</u>，幼児の自発的活動である遊びや生活の中で，感性を働かせてよさや美しさを感じ取ったり，不思議さに気付いたり，できるようになったことなどを使いながら，試したり，いろいろな方法を工夫したりすることなどを通じて育むことが重要である。
>
> （下線引用者）

さて，ここで示されている「小学校以降のような，いわゆる教科指導」と幼児教育（以下，「保育」と記載）はどう違うのだろう。このことは，それぞれの「目標／ねらい」の設定の仕方をみると明らかになる。

保育においては，「目標／ねらい」は原則的に子どもの「興味・関心，ニーズ（育ちへの意志）」を保育者が読み取り，そこに保育者自身の「教育的意図（育ちへの願い）」を添えて設定している（図1-1）。むろん，子どもの「育ちへの意志」はいきなり生まれるものではなく，子どもの周りの

環境(保育環境)によって触発されることで生じる。だからこそ保育者は保育環境を準備する。そして,触発されて生じた「育ちへの意志」に保育者の「育ちへの願い」を添えて,立てた「目標／ねらい」の実現のために,保育環境を展開していくことになる(「環境による教育」)。

それに対し,「小学校以降のような,いわゆる教科指導」では,基本的に授業の「目標／ねらい」は学習指導要領によって極めて具体的に規定されている。しかもそれは,必ずしも子どもの「興味・関心,ニーズ(育ちへの意志)」とつながりをもつものとは限らない(図1-2)。

具体的に示してみよう。例えば,砂場で子どもがプリンカップで「型抜き」をしていたとしよう。

ある子どもはでき上がった砂のかたまりを見て,「あ,ケーキだ」「プリンだ」等と,いわゆる「見立て」といわれるようなことを楽しんでいるかもしれない。するとこの時保育者は,この「見立て」という行動を起こしているその子どもの活動の中に,「表現」の領域に属するような育ちを見出し,例えば,子どもの「イメージ」がもっと膨らむといいだろうと思って,白砂をかける,花びらや葉っぱを乗せる等々の具体的なかかわり(環

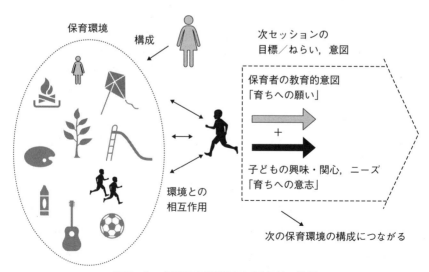

図1-1 保育の目標設定と保育者の役割

(考案:岡 健,作図:平林祥)

境構成）を行う。

　しかしまた別の子どもは，「きっとこんな形になるんだよな」「この波々とした部分，山の形のようにきれいにできるかな」等々，自分が抜いている型のでき上がりを頭の中に描き，それが本当にその形になるかどうか，あるいはどうやったらその頭に描いた仮説が実現できるか，その仮説は本当に検証できるか，といった試行錯誤や実験行為を行っているかもしれない。すると保育者は，今度はそこにいわば「環境」領域に該当するような育ちを見出し，「だったらこんな形もあるよ」と，星型やドーナッツ型を準備するかもしれないだろう。

　このように，保育においては，子どもが「したい」と思っている行動の中に，子どもの育ちの方向性を「意志」として読み取り，そのそれぞれの延長線上に「願い」を設定する。

　それに対して，「授業」では，教師はあらかじめ「型抜き」を通して，例えば「見立て」を育てる，といった「目標／ねらい」を設定している。したがって仮に，子どもが知的な好奇心や試行錯誤に取り組んでいたとしても，その興味や関心は原則として認められない。教師は，抜いた砂のか

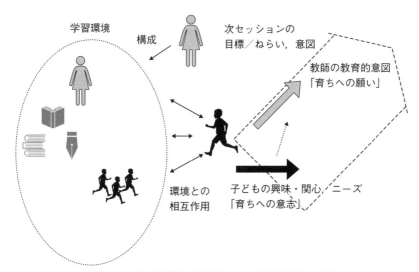

図1-2　教育指導の目標設定と小学校教諭の役割

（考案：岡　健，作図：平林祥）

たまりに対して，「あっ，これ○○に見えるね」「美味しそうだよ，食べてみてごらん」等々，なんとか「見立て」に戻すように働きかけることになるのである。

　幼稚園教育要領や保育所保育指針，幼保連携型認定こども園教育・保育要領において保育は，「環境による教育」「遊びによる総合的な指導」「個にふさわしい生活の展開」が強調されている。それは今回（2017年）の改訂に際して，これまでにも増して，いわゆる非認知的な能力，あるいは社会情動的スキルといった，これまで「生きる力」として示されてきた方向性が改めて強く示されていることと無縁ではない。分かりやすく換言すれば，「自ら学んでいく力」「主体性」「自律性」「問題解決力」等々の重要性が改めて確認され，取り上げられたといってよい。

　子どもは，やりたいことを自分で成し遂げたと実感した時に，もう1回やろうとか，もっと違うことをやろうという意欲が湧く。「できた」という実感の積み重ねが自己肯定感につながり，自分はやれるはずだという自信につながっていく。だから，その次にうまくいかないことがあったとしても，またやれば何とかできるのではないかと試行錯誤しようとするのである。逆にいえば，いわれたことばかりでやりたいことができない，やりたいといった思いが実現できない体験や，失敗してばかりの体験では，達成感を味わうことができないばかりか，努力しても無駄だということを学習しかねない。したがって，こうした経験の積み重ねをつくるためには，子どもたちがやりたいと思っている事柄そのものを読み解く必要がある。それが「子ども理解」に他ならない。保育が資格や免許を求められる専門職であることの意味といってもよいだろう。

　では，具体的な子どもとのかかわりにおける保育の専門性をどのように捉えればよいだろうか。それを図1-3に示す。

　図1-3は，保育の一連の行為を，改めて流れとして捉えたものになる。「子ども理解」に基づき「ねらい／目標」を立て，「手立て」を考えて実施し，その実施後の子どもの姿を改めて捉え直し（「評価」），次の保育へと展開する。これは別のいい方をすれば，指導計画を立案し，実施するプロ

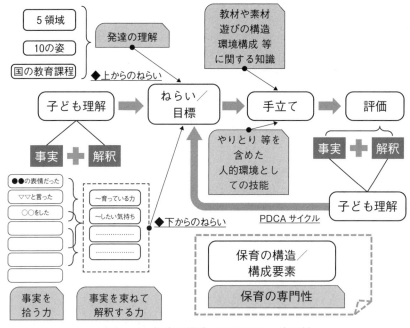

図1-3 保育の構造（構成要素）と専門性

セスに他ならない。

　「子ども理解」とは，一人ひとりの子どもの具体的な姿としての「事実」を拾い，それを束ねて，そこにある意味を「解釈」することからなる。この際「解釈」とは，決して保育者の想像や希望ではなく，あくまでも「事実」に基づいたものでなければならない。

　次のような例えを出すと理解が促されるだろう。医者が患者を診断する場面を想定しよう。医療に関する専門的な知識をもっている医者は，患者が訴えるある１つの症状だけで病名を判断したりはしない。「お腹が痛い」と患者が訴えてきた時に，即座に「○○病」と判断して，薬を出しはしないだろう。患者の症状を十分に確認しないままに，「全般的に炎症を抑える薬」をとりあえず処方することなど許されるものではない。「喉が痛い」「熱がある」「それがどれだけ続いているか」とか，場合によっては血液検査をして，実際の症状や状態を総合的に解釈して病名を決定（診断）し，

その上でその病気の治療法や薬の処方を考えている。さしずめ診断の前の段階が「事実を拾うこと」，診断が「解釈」，ということになろう。そして，これらを踏まえて治療法の選定や薬の処方が行われることになる。このことが「ねらい／目標」を設定することであり，「手立て」を考えることになる。では，再び保育に話を戻そう。

既述したように，「自ら学んでいく力」「主体性」「自律性」「問題解決力」等々を育てるということを主目的としている保育の場合，原則的にその子どもが「やりたい」と思っていることの延長線上で「目標／ねらい」を立てる。何を楽しみ，何が育っているのか，という実態の把握のもとに子ども自身が描きたいと思っている未来性を描くこと，これが図1-3で示した「下からのねらい」となる。ただ，保育者は同時にその子どもの育ちの先，いわばその先に描けるといいだろうと思っている未来性を合わせて「目標／ねらい」を描いている。

例えば，前述した「型抜き」で考えれば，子どもが抜いた型を何かに見立てようとしているから（「下からのねらい」），そこにいわゆる「表現」の領域に示される子ども自身の未来性を描き，そのイメージが膨らむようにと，白砂をかけたり，花びらや葉っぱを乗せたりする等々外側から文化をもち込んだ。また，子どもが型を使うと砂がきれいなかたまりになることが不思議だったり，もっときれいに抜きたいと試行錯誤したりしているから（「下からのねらい」），そこにいわゆる「環境」の領域に示される子ども自身の未来性を描き，一人でじっくりとその行為を繰り返し，楽しむことの時間と空間を保障しようとしたのである。

ただし，同時に，もしイメージを楽しむその子どもに対してもう少し大きな動きや仲間とのかかわりを求めていけるかもしれないと保育者が考えれば（「上からのねらい」），そこにいわゆる「健康」や「人間関係」の領域に示される子ども自身の未来性を描き，そのイメージが膨らむようにと，大きな容器や，バケツなどを追加するかもしれない。これらの道具を入れることで，それまで手先で操作していたものが，体全体を使った動きになったり，時には重くて一人でひっくり返せないものを他の子どもたちと協

力したりする姿も見られる可能性が想定されてくる。また，つくるものも大きくなれば，他の子どもとその表現を共有するかかわりも誘発されやすくなるだろう。さらには，そこに水という素材を入れたとすれば，それは型抜きから発展して，川づくりやダムづくりといった動きにまで展開するかもしれない。

　保育者は，子どものやっていることと，これからその子どもと周りの子どもが経験するであろうことを想定して，「ねらい／目標」を立てている。そのためには，子どもが今どのようなことを育とうとしているかを読み取ること（解釈する視点）や，その遊びの展開の先に獲得してほしいと願う，いわば育ちの先を想定すること（発達の知識）が不可欠となる。領域を学ぶとは，まさにこの「視点」や「知識」を学ぶことに他ならない。保育者は，このことを踏まえ，その「ねらい／目標」の実現のために手立てを想定する。時間を保障し，道具や場を整え，言葉をかけて，その環境を整えていくのである（「教材や素材，遊びの構造，環境構成等に関する知識」や「やりとり等を含めた人的環境としての技能」）。

まとめの課題

- 幼稚園教育要領（保育所保育指針）の領域の「内容」と，小学校の学習指導要領の（任意の教科，低学年の「内容」）を見比べて，その違いについて気付いたことを友だちと話してみよう。

参考文献
・小川博久：保育援助論（復刻版），萌文書林，2010（初版は生活ジャーナル社，2000）
・岡健：子ども理解から指導を計画する，げんき，No.172，2019，2-11

第2章 乳幼児の発達と「表現」

📖 予習課題

1. 平成20年版保育所保育指針 第2章 子どもの発達 2.発達過程(1)〜(8)で、おおむね6か月未満〜6歳の発達について学んでおこう。合わせて、同解説書（フレーベル館）も読んでみよう。
2. 関連図書で、本章の項目について、各年齢の発達の姿を押さえてみよう。

1. 発達ということ

　例えば、出生時には頭長と身長の割合（＝頭身）が4頭身であったものが、成人に近づくにつれて8頭身に近づくという、身体各部の発育の均衡の変化を示した表を、これまでに、家庭科や保健体育の教科書などで見たことがあるだろう。これらは、一般的に「発達」というと、右上がりの直線で捉えられるようなイメージを形成する。もちろん、出生時に約50cmだった身長が徐々に減っていったなどということはないわけで、個人差はあっても身長の伸びが止まるまでは、途中、横ばい状態があるにしても、全体としては右上がりの直線を描く。そうしたリニアな発達観（発達というものの捉え）は間違いではない。停滞したり、事柄によっては前の時点にもどったり、後退したりを繰り返しながら、全体としては年齢に比例して上昇方向へ進む（そして老化する）。

　しかし、人間が生きていく際の発達は、それほどシンプルではないことは、これまで生きてきて実感しているのではないだろうか。「図体ばかり

大きくなっても，なかなか成長しなくて…」という言葉は，謙遜(けんそん)という意味合いを除けば，いわゆる「発達」のイメージと人間存在にとっての成長・発達の実感のギャップをよく表現している。

では，保育において「子どもが発達する」とはどういうことであろうか。津守は，「外部から観察できる行動の変化を発達ととらえる考え方がある。それは，直線時間軸を想定して，その側面からみたときのことである。個人の内的変化に目をとめるときには，べつの見方ができる。精神の混沌の状態を通り抜け，満ち足りて遊んだ後の幼児を考えてみると，その体験の前と後とでは異質な精神の状態であり，そこには発達の体験があるといえよう」[1]と述べる。

量的な変化も質的に変わる節目としての発達段階も，発達の捉え方であるが，もっと「個人の内面」に着目すると，量や質だけではない子どもの変化を捉えることができる。それは人間にとって発達と呼ぶにふさわしいことではないかというわけである。もちろん，身長や体重，様々な身体能力の発達は，それを実感できる乳幼児期の子どもにとって全体としては喜びであろう。しかし，例えば，立つことができるようになった子どもの内面に着目してみると，外側から見た，立つことができるということ以上のもの，世界の見え方の変化や大地の感覚，それまでの身体で感じていたものと異なる心もとなさ，あるいは子どもながらの自信というものも見えてくるかもしれない。それは，単純に身長が何cmになったとか，立つことができるようになったという外的な変化で測ることのできないものである。そういう内面に着目して見ていこうとすること，その結果見えてくるものを大事に考えていくことが，子どもを人として育てていく保育には有効であるということなのである。

2. 表現ということ

「われわれが知覚する子どもの行動は，子どもが心に感じている世界の表現である。子どもの世界は，文字に記録するのが困難なような，表情

や，小さな動作や，ことばの抑揚などに表出される。子どもの心の動きを，表現された行動を通して，いかに読みとるかという課題が，保育者に課せられている。おそらく，子ども自身が，模索していてたずねあてることができなかったことに，おとなの助けによっていきあたることができる。そのとき，子どもはおとなから理解されたという実感を得て，次の生活に向かって進んでいくであろう。」[2)]

　表現というと，描画や造形・製作，歌やリズム，身体活動などを思い浮かべるかもしれない。園生活で描いたり，つくったり，歌ったり，音楽やリズムにのって体を動かしたり，何かになったつもりでストーリーを展開する劇的活動は，保育における表現の一部に過ぎない。乳児が身体的な快や不快を素朴に表すことも，うれしいことがあった子どもが小躍りする姿（「表出」と呼び，「表現」と分ける研究者もいる）も，ごっこ遊びも，戸外で花を摘んで砂でつくったケーキを飾ることも，表現である。このように，表現は，子どもが表そうと意図している場合も意図していない場合もある。

　この世の中に生まれ出た新生児は，内面的にも外見的にも発達する。その過程で，人間はどんなに幼くとも自分を表しながら人とかかわって生きていく。表現とは，人間が生きていることそのものである。そういう視点で，子どもが表すもの，意図しているものはないか，かすかであってもそれを受け止め，よりよい育ち・発達を願って返していくことが大切である。

3．様々な発達と表現

　子どもが心身ともに発達すると，表現の仕方も変わってくる。ここでは，その関係のありようについて見ていこう。本来，発達は様々な要素や側面が絡み合ってなされ，切り離せないものだが，便宜上，言葉，運動機能，知的機能，社会性，情緒・心情という発達を捉える軸を立てて，その側面から，子どもが発達することと，「表現」が，子どもが育つとともに変わっていくこととはどのように関係しているのかを考えていく。

（1）言葉の発達から見る

「泣きの言葉」といわれるように，泣くことで自らの不快や苦痛を，笑ったりきげんよく発声したりすることで快を，身近な大人に表し，受け止めてもらいながらコミュニケーションしていたものが，成長につれて語彙を獲得し，一語文，二語文，三語文，多語文と，使う文の長さも長くなっていく。また，文が長くなれば，順接や逆接などの接続詞も使えるようになる。言葉は表現でもある。言葉が自由になっていくことで，子どもは自分の気持ちを言葉で表すようになるので，保育者や仲間が知りえる子どもの気持ちも広がっていく。しかし，言葉に頼りすぎると，子どもが表しているものを見逃してしまうことにもなりやすいので注意が必要である。

> **事例2-1**　「どちたの？」　2歳児　3月
>
> 　ホールで追いかけっこをしていた5歳児が，脛をステージの角にぶつけたようで，ゴンという音がした。本人は，ぶつけたところを両手で押さえて体を固くしていた。筆者が「大丈夫？」と言うと，うなずくものの顔をしかめている。ズボンをめくってぶつけたところを2人で見てみる。皮がむけて，皮膚が赤紫ににじんでいる。それを見て，その子は泣き出した。
> 　一緒の遊びをしていた仲間も何人か気付いてやってきて囲む。ホールで自分の遊びをしていた2歳児もきて，「どちたの？」とのぞく。筆者が説明した。聞き終わると，別に何も言ったりしたりはせず，ぱーっと駆けて行ってしまう。

　ちょっと人だかりした様子は，場を同じくしていた2歳児にも，この年齢なりにどうしたのだろうという気持ちを抱かせたようで，それを言葉と，のぞくという行為で表している。下肢の発達がなければ，のぞきにくるという身体表現で自分の関心を表すことはできないから，移動できる運動機能の発達は大きい。人が取り囲んだ様子でいつもと違うということも分かっており，状況を把握し，判断する能力もある。それを言葉にもする。密接ではないにしても，共に生活している年齢が上の子どもへの関心も芽生えていて，人間関係の発達，社会性の芽生えともかかわっている。

（2）運動機能の発達から見る

1）上肢の発達と表現

事例2-2　はじき絵　2歳児　6月

　4月に入園したカオルは，兄のいる5歳児クラスでカエルの製作の周辺に加わっている感じだ。兄たち5歳児と一緒のことをやりたがるので，5歳児担任は，厚紙を5歳児のものと同様に折って渡す。絵具を出すと，自分もカエルの体に絵具を塗りたがる。5歳児のものはすでにクレヨンで目や体が塗られていて，上に絵具をかけるとはじくところも興味津々のようだ。

　「やってみる？」と保育者に渡された絵筆に，缶に溶いた絵具をつける。水分をしぼることを知らないので，絵筆を缶から厚紙へ移す間も絵具がポタポタと垂れる。保育者が手を添えてしぼり方を教えるように，「こうして一」とやってあげて少し少なくなったが，まだまだたっぷりの絵具が半ば垂れるような感じで色がついた。色を塗るというより落としたという感じの不慣れな色のつき方が，いかにも「初めての絵具体験」という感じで，いい味を出していると筆者は思う（写真2-1）。

写真2-1

　クレヨンや鉛筆，サインペンなどの手軽な描画材と違って，絵具は，普段家庭で自由に使えるような環境にはないのが一般的だろう。おそらく生まれて初めての絵具体験だったのではないかと思われた。また，こうしてカオルが兄のクラスにいることは，それぞれの担任はじめ保育者が，それを兄弟関係からしても自然なことで，入園間もない不安な気持ちの表れからでもあると捉え，少しでもそういう気持ちが和らぎ，園が居心地のよい場になることを願って受け入れ，かかわっていることに支えられている。

　生後間もない乳児が四肢を盛んに動かして声をあげることも，本人の快の表しであり，大人の働きかけに応答する表現であることもある。また，1歳ころには上肢を動かして土の上にできる線（跡）に興味をもって，初

めは偶然だったものを意図的にやって楽しむこともある。使うのは主に上肢でも、しっかり座っていられる背筋力や腹筋力、脊柱や首の筋肉の発達にも支えられている。描画材を持つことができるようになると、腕の動きを楽しんで、かすかな点状や線状のものや、その中間とおぼしきものも生み出すようになる。このような「肩やひじの運動の偶然の痕跡」[3]を「繰り返すうちに、手首や指先などの機能の発達にともない、なめらかな曲線やうず巻も出てくる」[3]。これを錯画といい、こういう描画を表す「生後1歳前後から3歳くらいまで」[3]の時期を錯画期という。何かの形を描くつもりがあるというより、自分で手や腕を動かすとそのあとに何かの痕跡が残ることに、不思議さや面白さを感じているような時がある。「あー」と声をあげて驚きを表したり、「あっ、あっ」と告げてきたりするような時もある。島崎は、「筋肉のコントロールがある程度進んでくると、強震の時の地震計の線のような」[4]ジグザグの線（波形スクリブル）や、「ぐるぐると丸をかく円形スクリブル」[4]を描き、こうしたぬたくりは、「視覚と筋肉運動の連携がよくなると紙面への納まり具合も良くな」[4]り、「紙からはみ出さないよう、しかも紙いっぱいにかけるようになる」[4]と述べている。

　写真2-2は、なんとか円状のものが描けるようになった1歳児の終わりのころの表しを、保育者が人型に仕立てたものである。感じ方・捉え方はいろいろではあろうが、完全な円を描けないがゆえに、味があり、作品そのものに得もいわれぬ表情が生まれていると思う。腕や指先の動きが巧みでなく、目と手の働きの協応の未熟さといえばそれまでだが、大人のしっかりきれいに描かれた円ではこういう味は出ない。共にすごす保育者のこのような援助で、子どもは自分の表したものがすてきになる体験をする。その体験がいかに刹那的であっても、また、子ども自身にどれほど自覚的に受け止められるのかは定かではなくて

写真2-2

も，それは，また表したくなる意欲の土壌を育み，試みることを繰り返しながら，結果として技術や巧緻性が高まったり，描画材の扱いにも習熟したりしていく。当然，表現も精緻に豊かに変わっていく。

また，写真2-3は，自分の腕を動かしているうちに偶然ゾウのような形ができたのであろう，「ゾウさんできた！」と自分でもびっくりした様子で持ってきたそうである（第6章のpp.54・55参照）。その絵を受け取った保育者は，「あー，子どもってこうやって象（形あるもの）が描けるようになっていくんだなーと思った」と語っている。自分の腕を動かしているうちに偶然できたゾウのような形を見て，「ゾウさんできた！」と言うのは，ゾウという形象の認知能力ができ上がっていることを示すものであろう。実際にゾウを見た経験があるかどうかは別にしても，絵本や物語の中で，ゾウの形や特徴を認識する機会があることなどが，こうした絵と言葉や行為になって表れている。

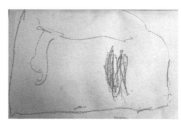

写真2-3

> **事例2-3** 苦手なんだけど　5歳児　3月
>
> 　卒園式に感謝を込めて保護者や保育者に渡す薄紙の花の茎をつくる。担任が緑色の折り紙を配り，細くて固い剣をつくる時の要領でつくるように説明した。ソラ（6歳）は，取り組みながら「俺できないー」と言っている。はじめの固く紙を織り込むところがまず難関で，何度試みても太くプカプカになる。担任は，「太くてもいいよ」と言うが，本人はなんとか細く固くしようとする。しかし，「やっぱ，俺できねー」と，ちょっと足をバタバタさせてじれている。担任がそばについて，<u>「はじめが難しいね」</u>とやり方を伝授して途中からソラに渡すが，ソラがやり出すと太くプカプカになる。そう言っている間に，てきぱきとまるで内職仕事をこなすように何本もつくっている子どももいる。

運動機能の発達の二大方向性のひとつが「中心から末梢へ」といわれるように[5]，上肢でも手のひらや指先が自由に使えるようになるのは，発達的にもあとのことである。しかし，事例2-3に見るように，必ずしも年

齢に比例して器用になるかどうかは別である。一人ひとりの個性や得手不得手，生活経験，活動への気持ちの向き方などによって様々であることはいうまでもない。ソラは運動的な遊びにはとてもたけていて，リーダー格で仲間をまとめていくが，細かい作業は不得手であると担任も見ていて，このかかわり（下線）になった。きれいに完成させることも大事だが，でき上がり（結果）だけに目がいくと，表現することの楽しさを奪ってしまうこともある。○歳ならこのくらいできるという発達の姿や見通しをもつことは，材料の準備や環境構成，保育者の手の出し方やひっこめ方などの加減や言葉のかけ方に表れるので，大事なことには違いない。だが，それ以上に大切なことは，子どもがこの表しの場で何を経験しているのか，何を楽しんでいるのか，たとえ今は楽しめていなくても表現することを楽しむことを育んでいけるのかを考えてかかわることである。

2）下肢の発達と表現

> **事例2-4**　「ランラン」　1歳児　2月末（園長の記録より）
>
> 「ネェネェ，ランラン」と求めてくる。クリスマスのジングルベルの歌を口ずさむミズキ。クリスマスの時，ツリーの周りを抱っこして歌を口ずさみクルクル回った。その時の歌と周りを回る遊びが好きで，今でも私に求めてくる。

クリスマスは，信仰心に関係なく楽しい雰囲気に心が浮き立つ。12月にはまだ抱かれて回ったが，2歳になって歩行もすっかり板に付き，自らの足で回るその遊びを求めてくるのは，楽しかった遊びを記憶しているからである。この子どもの担当や担任でもない園長を求めるのは，その遊びの楽しさと共にその人（との関係）を覚えているからである。下肢の発達により，楽しさの表し方はさらに全身的なものになっている。

歩く，跳ねる，走るなどが自由にできるようになってくると，表現の幅はぐっと広がってくる。事例2-1のように，興味をもったところに自ら行けることで，生活経験が広がり，表現の土壌も広がっていく。

（3）知的機能の発達から見る

事例2-5 印鑑押し　1歳児

> ミキは，自分に一対一でついている主任保育者が仕事で使う机の上の印鑑をいじる。主任は「あー，それはだめ。これにしてね」と，不要紙と印鑑を1つ渡す。隣の机で押すと跡がついて「おー」と声をあげて喜ぶことを繰り返す。

　主任という職務上，処理が必要な伝票や印鑑の箱が机の上にあり，一対一対応のため，事務仕事が多忙の時は職員室で子どもを遊ばせながら見ていることもある。子どもは保育者の姿をよく見ているのであろう，ここでは印鑑を押すことをまねしている。模倣能力も発達してくるころの行為は，子ども本人には面白いらしいが，事例のように，勝手に伝票の上に印鑑を押すなど，大人としてはやってほしくないこともある。しかし，外界のものに働きかけてやりとりしながら，そこでの自分の思いを表すことでもあり，単純な禁止はできるだけ避け，その意欲を育んでいく努力が，かかわる際には大切になる。事例では，困ることを伝えながら，子どもの感じている面白さを実現できる方法を提案している。

事例2-6 黄色スイカの味は？　5歳児

> 畑で採れた黄色スイカを食べる時。
> 子ども「どんな味かなあ。バナナみたいなのかなあ〜？」
> 保育者「どんな味だった？」
> 子ども「スイカの味がした」

　初めて黄色いスイカを食べるのだろう。黄色という色で，これまで食べたことのあるものの中から，バナナのような味ではないかと類推している。カボチャやパプリカなど中や表面が黄色い野菜ではなく，バナナと言うところに，スイカとバナナを果物という範ちゅうでくくっていることがうかがわれる。食べてみると，これまでの食経験の中で知っているスイカと同じだった。5歳児は言葉が発達し，その心中をこうして表現してくれ

る。その言葉から類推や同類に区分する思考能力の発達が反映されていることが分かる。思考能力の発達は，表現を豊かにかつ的確にしていく。

（4）社会性の育ちから見る

事例2-7　仲間関係　5歳児

　このクラスの女児はみんなで4人である。うち3人は3歳からずっと一緒で仲良しでもあるが，だれかがはじかれることもあり，難しい。
　リエは写真2-4のような絵をよく描く。4人の女児が仲良く遊んでいる様子が描かれている。また，「男たちがリエのこと，キモイ～って言うんだよ」と言ってくることがよくあった。
　卒園式のステージに貼る自画像は，ピカピカのかわいい子になっていた。リエのかわいらしさは，整った感じのしない味わいにあると思っている私たち大人は，自分にも子どものころ，こんなお人形さんのような子になりたいなーという気持ちがあったことを思い出し，そのギャップに，生活の中で彼女が感じている願望が表現されているようで，とてもほほえましく感じられた。

写真2-4

　腕や手指を自由に動かして表現できるようになると，人間を表す際に頭（円）から直接足が出る「頭足人」を描いていたものが人間らしく表すようになり，（自分の）生活のありよう（の一部）や理想を表すこともある。子どもの日々の生活や思いをよく知る者が見ると，ただ仲良くしているのではなく，その日の思いや願望が投影されていると感じる場合もある。
　絵本の中のことや登場人物，憧れを細部まで描写するようなこともある。マキは家で『白鳥の湖』を買ってもらった。特にオデット姫がお気に入りで，家でも園でも暇さえあればお姫様を描いてドレスに色をつける。
　子どものこうした表現に触れると，子どもでも人間関係で悩むこともあること，なんと心の中を素直に表現することかと思わされる。それは，次に焦点をあてる，様々な情緒・心情の発達とも深く絡み合っている。

（5）情緒・心情の発達から見る

事例2-8 園庭での缶けり　5歳児

一番初めに缶を思い切りけって，
子ども「すっきりするなー。やなことあったらこれだなー」

いやなことは，この世に生れ落ちた時からある。例えば，空腹。それを子どもは泣くことで表出して，受け止めてくれる人をもって満たし，満足と快感を得てきた。その繰り返しの中で，乳児は見知った人を思って泣くようになるのかもしれない。しかし，事例2-8の子どもの言葉は，「いやだよー」と自分の心情を表出して助けを待っている状態ではない。いやなことの中にいる自分を自分で立て直していこうとする意思があり，その術を知っている，あるいはそれを発見したことを示すものである。5歳児ともなると，人間関係の複雑さも抱えているし，その時どきの心情もかなり大人に近いものがある。

まとめの課題
1．一語文，二語文，多語文の定義を調べ，それを探してチャイルドウォッチングをしよう。また，子どもの一語文で表しているものを考えよう。
2．事例2-3についての網掛け部分（p.15）を考えてみよう。
3．錯画，頭足人，図式画，概念画，レントゲン画，LC運動を調べよう。

引用文献
1）津守真：保育の体験と思索，大日本図書，1980，p.11
2）前掲1），pp.5-6
3）森上史朗・柏女霊峰編：保育用語辞典　第3版，ミネルヴァ書房，2004，pp.270-271
4）島崎清海：子どもの絵の発達―人類の発達やプリミティブ・アートとかかわって，文化書房博文社，1987，p.43
5）平井信義・浅見千鶴子：改訂　児童発達学，光生館，1975，p.169

第3章 意味受容・意味生成としての身体

📖 予習課題

1. 就学前施設等で子どもと一緒にいる時，子どもが知っていそうな歌を，あなたが何も言わずに歌い出してみよう。その時，子どもはどうするか，その様子を観察してみよう。
2. この章を学習した後，その場面を説明してみよう。

1．「意味世界」としての私たちの生活世界

　私たちは，生活の中で目にしたり触れたりするすべての物事を，「これは○○だ」「あそこの○○は××している」と理解しながら行動している。例えば，今，あなたの目の前に置かれている文字の書かれた紙の束を，あなたは「教科書」として認識している。あなたの前方では，一人の年配の人物が身振り手振りを交えて大きな声で言葉を発している。それをあなたは，教師が熱心に講義をしていると受け止める。つまり，あなたは，周囲の事物を常に何らかの「意味」として認識している。

　このように，私たちの日常の世界は何らかの意味を帯びており，意味で満たされている。もしも，私たちが見たり触れたりするものを意味づけられない時，私たちはそれを何とかして意味づけようとするだろう。意味づけられない時，私たちはそれに気味悪さを感じ，時には平常の生活を送ることができなくなってしまうに違いない。そのような生活世界を，ここでは「意味世界」と呼ぶことにしよう。

世界を意味づけて理解することは，ともすれば私たちの頭（あるいは脳）の働きだと思われている。しかし，実は，「意味世界」がそれとして成り立つことの根底には，私たちの身体がかかわっている。この章では，そのことを考えてみよう。

2．意味を受容し，生成する身体

私たちは，「これは○○だ」ということを，どのようにして分かるようになるのだろうか。

事例3-1　「バイバーイ」　11か月児

母親に抱っこされた生後11か月のヒロミに，母親としゃべっていた母親の友人のウチダさんがその場を去ろうとして，「ヒロミちゃん，バイバイね，バイバーイ」とヒロミに手を振る。母親は，ヒロミの顔を見ながらウチダさんに向かって「バイバイ」と言って手を振り，今度はヒロミの手を取って振りながら「バイバイ，バイバーイ」と言う。ウチダさんがそれに応えるように，再びヒロミに向かって「バイバーイ」と手を振る。ヒロミは，母親が手を振るとそれにつられるようにして少し手を動かす。母親は，その手を取って，少し大きく振りながらヒロミの手のすぐ横で自分の手を振って「バイバイ，バイバーイ」と言う。母親と一緒に手を動かしていたヒロミが，そのうちに母親の声に合わせて「アイアーイ」と一緒に声を出し始める。

このようなことが繰り返され，数か月たつと，ヒロミはだれかが「バイバーイ」と手を振る場面で，自分で手を振りながら「アイアイ（バイバイ）」と言うようになった。

事例は，ヒロミが「バイバイ」という音声をともなう身振りのあいさつを習得していく過程の一場面を示している。文化人類学者の野村雅一によれば，あいさつは，人が出会ったり別れたりするから行うのではなく，むしろあいさつをすることが出会いや別れを生み出すということである[1]。私たちが日常生活でよく行う「バイバイ」という身振りは，それによって「別れ」という「意味世界」を生み出しているのである。それゆえ，事例

は，ヒロミが大人の生み出す「別れ」の「意味世界」を受け容れ，それを習得し，そのうちに自分自身で「意味世界」を生み出すようになる過程である。すなわち，ヒロミは，最初は自分ではウチダさんのあいさつに応じていないが，母親に促されて（母親がヒロミの手を取って振る），自分でもウチダさんの「バイバイ」の身振りに応じる（受け容れる）ようになり，数か月後は自分自身で身振りによって「別れ」の「意味世界」を生み出すようになっている。

このような「意味世界」の受容と再生は，次のような過程であるということができる。ヒロミは母親の身振りに誘発されて母親の動きを模倣し，母親と身振りを共有する。そして，2人が身振りを共有しているうちに，母親の発していた「バイバイ」という音声も共有し始める。これと同様のことが，だれかと別れるという特定の場面で幾度となく繰り返されていくに違いない。このような繰り返しによって，ヒロミは「バイバイ」という身振りと音声を受容しつつ，自分のものとして獲得し，別れの「意味世界」を生み出していくようになる。

このように，大人が日常生活で行う身振りや音声がモデルとなって子どもがそれを模倣し，それによって大人と子どもが音声や身振りを共有し，それが繰り返されるうちに，子どもはその音声や身振りを自分のものとして獲得し，大人の支えがなくても自分で身振りや音声を再生することができるようになるのである。「バイバイ」のように身振りや音声がある特定の場面と結び付いたものであれば，身振りや音声はその場面と結び付いた「意味世界」として習得されることになる。

3. 同調する（響き合う）身体：音楽的表現の始源性

（1）他者と同調する（響き合う）身体

> **事例3-2** 大人たちが笑うと子どもも笑う　1歳児
>
> 　1歳のマサミの両親と，その友人のカンダさんやエンドウさんたちが，テーブルを囲んでお茶を飲みながら，なごやかに談笑している。マサミは母親の近くのソファに座って，人形と遊んだり，大人たちが談笑しているのを見たりしている。カンダさんが冗談を言った時，テーブルを囲んでいた大人たちが全員ドッと笑い，数人は手をたたいて笑い転げる。すると，ソファに座っていたマサミがキャッキャッと言って笑い，大人たちと同じように手をたたいて笑う。エンドウさんが「あれ，マサミちゃん，私たちが話していることが分かってるの？　すごいねえ」と言って，マサミに話しかける。

　マサミは，側で話している大人たちの会話の内容やカンダさんの冗談を理解して笑っているのだろうか。そうではないだろう。

　私たちの身体は生まれながらにして，他者の身体の動きやリズムに響き合う仕組みをもっている。生後30分くらいの乳児を，母親が抱いて，乳児の目の前で舌を出し入れしていると，乳児もゆっくりと舌を出したり引っ込めたりし始めることが知られている。母親の身体のリズムに乳児の身体のリズムが引き込まれ，同調する（響き合う）のである。新生児室で1人の乳児が泣き出すと，それが伝染して，ほかの乳児たちも泣き出す。大人の場合でも，あくびや笑いの伝染や，もらい泣きというような現象はよく起こる。一緒に歩いていた友人が柱や扉に頭をぶつけた時，ぶつけた当人ではない自分が思わず「痛っ！」と言ってしまうことがある。友人がウキウキしていると自分もウキウキと楽しい気分になるし，逆に落ち込んで悲しい気分の時は自分も悲しい気分になってしまう。このように私たちの身体は，本来的に他者の身体と響き合うことによって，その気分を共有

し，自らのものとして引き受けてしまう仕組みをもっているのである（近年の脳科学研究においてはミラーニューロンが発見されている[2]）。

事例3-2のマサミが手をたたきながら笑うのも，これと同様である。マサミは大人の話の内容や冗談を理解して笑っているのではなく，マサミの身体が笑っている大人たちの身体と同調することによって，大人たちの楽しくおかしい気分を共有して笑ってしまうのである。

事例3-1のヒロミが母親の身振りや音声を模倣し，共有することの基礎には，身体の響き合いがあるということができる。子どもが「意味世界」を受容し，そのふるまいを獲得し，それを自分のふるまいとして再生していくことの根底には，他者の身体と響き合う仕組みが関係していると考えられる。

(2) 音楽的表現の「意味世界」の始源としての意義

以上のように，身体の響き合いが「意味世界」の生成にとって重要な働きをしているとすれば，大人と子どもの間で交わされる次のようなコミュニケーションがいかに重要かが分かるだろう。

事例3-3　乳児と母親のやりとり

　母親が生後4か月のマナを膝の上に乗せると，マナが「あ〜〜」と声を出す。その声の高低の動きをなぞるように，大きく抑揚をつけて母親が「ん〜〜，そうですか〜」とマナを見ながら応える。母親は，普段大人同士で話す時は低い声なのだが，マナと話す時はいつもマナと同じくらいの高い声になる。マナは母親の顔をうれしそうに見て，母親の言葉が終わるとそれに応えるかのように再び「ん〜，ああ〜〜〜」とうれしそうに声を出す。母親は，その声の高低の動きと同じような大きな抑揚をつけて，「ん〜〜〜，そうなんですね〜」と言ってマナに笑いかける。

乳児は言葉の意味を理解しているわけではないが，母親と乳児のやりとりは，まるで2人が会話をしているかのようである。母親は乳児の声を言葉として受け止めているかのようであり（「そうですか〜」等），乳児の声の高さや息づかいに合わせて積極的に応答している。このように，一般に乳

児とその母親は，音声面だけでなく乳児の体の動きに合わせて母親がリズムをとったり，相互に反応を確かめ合うような間をとったりしながらかかわっていることが近年の研究では明らかになっており，「コミュニカティヴミュージカリティ（communicative musicality）」[3]と呼ばれている。

　このようなやりとりは，母親と乳児の身体が響き合っていることを示すものであり，言語獲得の基盤となるだけでなく，情緒の安定や共感の土台となる重要なものである。そうだとすれば，次の事例3-4のような，保育者と乳幼児が歌を媒介として響き合う活動は，乳幼児が「意味世界」へと参入していくことの基盤を形成すると同時に，乳幼児の居心地のよさを形成し，また乳幼児同士のコミュニケーションの土台を形づくることにもなる重要な活動であるといえるだろう。

> **事例3-4** 保育者が踊りながら歌うと，つられて動き出して歌い出す　1歳児
>
> 　保育所1歳児のクラス。7人の子どもが，人形やおもちゃなどで遊んでいる。1人の保育者が「うさぎがぴょん，ぴょん，ぴょん，ぴょん」と大きな身振り（手を耳に見立てて，上体を上下に揺らす）をともなって歌い出すと，側にいたマサオが一緒に身体を上下させて踊り始める。部屋にいたもう1人の保育者も歌に合わせて同じ身振りを始める。すると，ヒロミやサチコたちも同じように身体を上下させて踊り始め，「…ぴょん，ぴょん」とところどころ唱和する。あっという間に，クラスの全員が，保育者の歌に合わせて踊っていた。

4．他者から距離を取り，止まる身体：記号表現・視覚表現の始まり

　「意味世界」のふるまいを自分のものとして再生していくには，母親と乳児と第三者（もの）の関係が形成されることが必要となる（三項関係）。三項関係の形成を示す典型的な行為は，指さしである。指さしは，指を媒体として第三者（もの）を母親に示す行為であり，母親と乳児と第三者という3つの項が関係づけられるものである。

4. 他者から距離を取り，止まる身体：記号表現・視覚表現の始まり

> **事例3-5** 指さし　11か月児
>
> 　11か月のマサオが，洗濯物を畳んでいる母親の側で小さなぬいぐるみをもてあそんでいる。ふとした拍子にぬいぐるみがマサオの手から転がり落ちて，1mほど離れたところまで転がってしまった。マサオはぬいぐるみをしばらくじっと見ていたが，しばらくして「アー」と言ってぬいぐるみを見ながら指さし，続いて母親の方を見て，再び手の先のぬいぐるみを見る。母親がぬいぐるみを見ながら「ああ，そっちに行っちゃったのね。ブーちゃん（ぬいぐるみ）痛い，痛いって」と言う。

　この事例では，マサオのぬいぐるみへの注意に母親が引き込まれ，母親とマサオが視線を共有し，注意を共同化＊している。このような視線の共有は，前述したような身体の同調（響き合い）の一環と考えてよいだろう。

　しかし，指さし行為には，このような同調とは異質な関係性が含まれていることも見逃せない。それは，乳児と第三者の関係性である。響き合う関係性は，他者と共に動きつつリズムを共有し，自身の身体と他者とが一体化する方向に向かうものである。それに対して指さしは，自身の身体を一定の場所に止め，そこから離れた他者・第三者を指示する行為であり，響き合いとは逆に，第三者と自身の身体を引き離し，距離を取ることによって第三者を認識するものである。このような認識のありようは，ウェルナーとカプランが記号活動（「意味世界」）への参入を可能にするものとして注目した静観的態度によってものを対象として捉える認識[4]につながるものである。

　このような他者と自身の身体との間における2つの関係性（他者と響き合い一体化する関係性，他者を対象化する関係性）は，描画表現にも同様に表れる。他者の形状を描くことは，他者から自身を引き離し，静観的態度によって他者を対象化するまなざしが働いた時に初めて可能となるものである。他者と一体化している場合は，他者の形状を描くことはできない。

＊　このような注意の共同化は，「共同注意（ジョイント・アテンション）」と呼ばれ，言語の獲得に重要なものであるといわれている。

事例3-6　形を描いていたが，その上からなぐり描きをする　3歳児

　3歳のヨシキは，白い画用紙に緑のクレヨンで，「ピーマンマン」と言いながら，ピーマンマンの頭と思われる丸い円を描き，その下に胴体と思われる縦長の楕円を描く。そして「怪獣が来たぞ！　ピーマン光線，ピ〜〜〜！」と言うと，赤いクレヨンを斜めの方向に何度も往復させてなぐり描きをする。さらに，「ピーマン光線だ！　ピ〜〜〜！」と言いながら，今度は黒いクレヨンで同様にする。その前に描いていたピーマンマンの頭と胴体らしきものは全く見えなくなっている。ヨシキは満足そうにその絵を持って，担任の保育者に見せると「ピーマンマンが怪獣をやっつけた！」と言う。

　ヨシキがピーマンマンの頭や胴体らしき形を描いている時は，ヨシキのまなざしはピーマンマンから自分を引き離し，ピーマンマンを対象化している。しかし，その後，ヨシキがなぐり描きを始めた時，ヨシキはピーマンマンと一体化している。というのは，ヨシキは「ピーマン光線」を画用紙に向かって「浴びせて」いるのだと思われるからである。

　以上見てきたように，私たちの生活している「意味世界」の根底には身体の他者との関係がある。保育者はこのことを自覚的に捉え，子どもとかかわる時の自らの身体的行為を構想していくことが必要である。

 まとめの課題

・家庭の中や大学で，身体が響き合っていると思う場面をあげてみよう。

引用文献

1) 野村雅一：しぐさの人間学，河出書房新社，2004，p.82
2) マルコ・イアコボーニ，塩原通緒訳：ミラーニューロンの発見―「物まね細胞」が明かす驚きの脳科学，早川書房，2011
3) コルウィン・トレヴァーセン他，根ケ山光一他監訳：絆の音楽性―つながりの基盤を求めて，音楽之友社，2018
4) ウェルナー・カプラン，柿崎祐一監訳：シンボルの形成，ミネルヴァ書房，1974

第4章 領域「表現」のねらいと内容および評価

予習課題

・インターネットなどで，幼稚園や保育所等の発表会やマーチングバンドなどの表現活動に関する動画を鑑賞し，その背景にある普段の保育や活動のねらいについて感じたことを800字程度でまとめてみよう。

1．幼稚園教育・保育の基本と領域の考え方

(1)「領域」とは何か

　初めて保育内容を表すのに「領域」という言葉が使われたのは，1956（昭和31）年の幼稚園教育要領においてである。1948（昭和23）年に保育の指導書として発刊されていた「保育要領」を大幅に改訂し，「楽しい幼児の経験」として示されていた12項目の保育内容を，「健康」「社会」「自然」「言語」「音楽リズム」「絵画製作」の6領域に編成し直したのである。

　ところで，保育内容の区分として「領域」という言葉が使われたのはなぜであろうか。「領域」は一般的には，土地や海のように，もともとつながっているものを区切った部分という意味で使われる。一方，「教科」は，学問や文化を背景にした指導内容の区分である。イメージでいうなら，「領域」はつながった平面の分割，「教科」は立体的に構成された角柱というところであろう。幼稚園で幼児が体験することには，既存の学問や文化のジャンルに整理しきれない曖昧さや複雑さがある。厳密に分けられない

ものを便宜上分ける言葉として「領域」が用いられており，ここに小学校の「教科」とは異なる保育内容の独自性が表されている。

(2)「視点」としての「領域」

1989（平成元）年の幼稚園教育要領の改訂は，「教科」と「領域」の違いを明確にし，「環境を通して行う教育」という基本的な考え方を強調するものであった。この改訂で「音楽リズム」「絵画製作」に代わって設けられた領域「表現」は，単なる名称変更ではなく，まさに子どもを捉える「視点」の変換である。「音楽リズム」「絵画製作」という領域名においては，その特定の表現活動の枠組みで子どもを捉えてしまいがちである。

反対に，「表現」という視点は，子どもにとっての意味を読み取ることに重点を置こうとするものである。乳児が泣き声や喃語を受け止めてもらうことによって大人を信頼し，次第に表情や声が豊かになっていく。幼い子どもの表現は素朴で未分化であるが，その時どきの子どもの気持ちや思い，発達がその背後にある。それが親しい大人に受け止められることによって，自信や喜びとなり，他者との関係を求める（表現）意欲となる。やがてその表現は，自覚的に方法を選択したり，友だちや保育者とのかかわりの中で創造的な表現活動へ姿を変えたりしていくのである。

表現は，単に，音楽ができる，絵が描けるということではない。より広く人とかかわる力や主体的に生きる力の基礎を培うものである。また，様々な表現方法を知って楽しむ力は，心豊かな人生を支えるものにもなる。

2．領域「表現」のねらいと内容

(1) 心情・意欲・態度をふまえた3つの「ねらい」

① いろいろなものの美しさなどに対する豊かな感性をもつ。

「表現」とは，心の中のものを外に表すことであるから，心の中に何も感じるものがなければ表現は生まれない。その感じ取る働きを「感性」と

いう。感性は，日常生活の中の様々なものに感覚や身体を通してかかわることで育まれる。美しい景色をテレビで見てもさほど心は動かないが，自分が歩いて登った山から見る景色は感動的である。それは，そこにたどり着くまでの苦しい道中があるからであり，肌に受ける風やその音，空気の感じなど五感に訴えてくる感覚があるからである。現代の子どもたちは，テレビやゲームでバーチャルな世界での経験は豊富だが，実生活での直接体験は貧しくなっている。そう考えると，保育所や幼稚園等で自分の目で見て，耳で聞いて，手で触れる経験をすることは大切である。こうした感覚を通した直接経験が驚きや感動の感性を育み，感性が豊かになることによって表現が生まれるからである。

　また，子どもが感じたことを受け止める保育者の存在が重要である。子ども自身の漠然とした思いや表現は，それを受け止める人の存在によって確かな表現になる。必ずしも相手を意識していない表出的な行為も，保育者に受け止められることで，その行為を意識できるようになる。子どもと保育者との間に意味が生まれる。それが表現である。子どもの表現は保育者とのやりとりの中で育ち，自分の思いをどう表現したら相手に伝えられるかを経験することによって洗練されていくのである。

② **感じたことや考えたことを自分なりに表現して楽しむ。**

　大人は，歌唱や描画など名称が付けられる活動には心を止めても，形になる以前の表現には気付かないことが多い。ふと心にあることをつぶやいたり，大人には意味の分からない動きを何度もしてみたりするのも，子どもなりの表現である。「自分なりに」という言葉には，そのような素朴で未分化な表現も含めて，子どもが何かを表そうとする意思を大切にしようとする趣旨が込められている。上手に絵が描ける，合奏ができるということを求めているのではなく，何か表したいという思いがあること，それを様々な方法を試したり工夫したりして伝えようとする心情・意欲・態度をもてるようにすることが大切なのである。

　しかし，自分なりの表現は，時に受け入れ難いこともある。乱暴なことをする，悪口を言う，友だちのしていることをじゃまするなどの非社会的

な行為を，そのまま受け入れるのは難しいかもしれない。背景にある屈折した気持ちを配慮しながらも，それを向けられた保育者や周囲の子どもの気持ちにも気付かせていかなくてはならない。それは言葉だけで教えられることではなく，子どもにとって自分の思いを伝えたい人がいること，その人に自分の思いを受け止められる喜びを味わうことを通して気付いていくのである。保育者には，根気よく，その子らしい表現ができるように寄り添っていくことが求められる。

③　**生活の中でイメージを豊かにし，様々な表現を楽しむ。**

ここでいう「楽しむ」とは，笑っている状態ばかりではない。何かを成し遂げようとする時には，うまくいかないこともあるし，苦しいこともある。しかし，自分なりのイメージをもって自分の意思で取り組んでいる時，子どもは簡単にあきらめない。試行錯誤しながら，時には保育者にアドバイスをもらってチャレンジする姿は，「楽しむ」といえるだろう。

その原動力となるイメージは，生活の様々な体験の中から生まれる。年少児が年長児の表現活動を見て，まねしてみることから自分たちの表現へと展開していくことが見られる。コンサートや展覧会など芸術文化に触れる体験も，新しいイメージを生み出すもとになる。クラス活動や行事で体験したことも，表現へのイメージを広げることが多い。だからといって，盛りだくさんに経験させればよいということではない。要は，音楽であれ描画であれ，表現することがその子どもの「表したい」という気持ちから始まった主体的な取り組みになっていることである。「楽しむ」は，決して受身の楽しさでなく，園での経験をもとにして表現をつくり出していくことを楽しむ，という意味なのである。

(2)「ねらい」を達成するための内容

内容は，「ねらいを達成するために指導する事項」である。しかし，幼稚園教育要領では，個々のねらいと内容は直接結び付いているわけではなく，まとまりとしてのゆるやかな結び付きである。また，具体的な活動についてはあまり触れていない。それは，ねらいへの道筋が1つではないか

らである。どのような経験を経てたどり着くかは，一人ひとりの個性や園の環境によって異なる。それを考えるところに保育者の専門性があり，面白さがある。次の①〜⑧は，領域「表現」の内容である。

① 生活の中で様々な音，色，形，手触り，動きなどに気付いたり，感じたりするなどして楽しむ。

② 生活の中で美しいものや心を動かす出来事に触れ，イメージを豊かにする。

都会の小さな園庭でも，自然の織りなす様々な美しさがある。水たまりに反射する光，アスファルトの隙間に咲くたんぽぽ，長い線を描くアリの行列など，子どもは大人が見過ごしてしまう小さなことに心を止めて驚いたり，不思議がったりする。自分の目で見て，耳で聞いて，肌で感じるからこそ，心が動くのである。様々な物や出来事との出会いをじっくりと味わえる生活を送ること，それをていねいに受け止めることに配慮したい。

人がつくった環境にも目を向けたい。いかにも子ども向けに飾り立てるのではなく，保育者のセンスを発揮して気持ちのよい生活空間をつくることが大切であろう。保育者の服装も，子どもはよく見ている。機能性も大切だが，季節感や流行をさりげなく取り入れて，子どもが「すてきだな」と感じるような装いを心がけたいものである。

③ 様々な出来事の中で，感動したことを伝え合う楽しさを味わう。

人には，人とつながっていたいという本能的な欲求があるのだろう。表現することによって他者との関係が生まれるし，他者への思いが表現を引き出す。そして，自分の思いを受け止めてもらえたうれしさや満足感の積み重ねが，表現することの自信となり，意欲となる。まず保育者がその役割を担うことで，友だち同士の伝え合いにつながっていく。

④ 感じたこと，考えたことなどを音や動きなどで表現したり，自由にかいたり，つくったりなどする。

子どもは，既存の様式にとらわれずに思いつくまま表現する。子ども自身に創作をしている意識がなくとも，自分の表現技法やアイデアを駆使して様々な表現をすることが，その後の創造的な活動につながる。それに

は，子どもが安心して自分を出せる園の雰囲気や，ゆったりした時間とともに，自由に表現的な活動に取り組める空間などの環境が必要である。

⑤　いろいろな素材に親しみ，工夫して遊ぶ。

　素材が表現意欲を引き出すことが多い。とくに，保育者が提示する素材は子どもたちに魅力的に映り，活動を方向づけることが多いだけに，その特性をよく知った上で適切に選ぶ必要がある。例えば粘土でも，油粘土，紙粘土，オーブン粘土など多くの種類があり，イメージに合った粘土を使うと表現意欲も高まる。天然の土粘土を，何十kgもの塊で用意すると，協同的な表現活動のきっかけになることがある。新聞紙をちぎって自分たちで紙粘土をつくる体験をすると，素材への愛着がわくだろう。様々な素材の特性とそれを用いた表現活動の可能性を考えて環境を用意したい。

⑥　音楽に親しみ，歌を歌ったり，簡単なリズム楽器を使ったりなどする楽しさを味わう。

⑦　かいたり，つくったりすることを楽しみ，遊びに使ったり，飾ったりなどする。

⑧　自分のイメージを動きや言葉などで表現したり，演じて遊んだりするなどの楽しさを味わう。

　いわゆる「音楽リズム」「絵画製作」と「演劇」に関する活動があげられているが，大人の文化としての表現活動に直結するわけではないことを理解しておきたい。例えば，子どもは話や絵本をもとにして劇遊びをするが，登場人物になりきったり，必要な物をつくったりする楽しさを十分に味わうことに意味がある。見せるための劇の形にまとめたり，演技指導したりすることは，とりあえず求められていないのである。

　このような活動は，保育者が設定した場の中で行われることが多い。みんなで楽しむ経験は，将来，音楽などの表現芸術を楽しむ生活のもとになる。また，クラスの活動での経験が，自由な遊びに生かされることもある。楽しかったことを自分たちで再現したり，ヒントを得て自分たちの表現をつくり出したりする。設定的な活動と自由な遊びが関連していくような展開や，そのバランスを考えて計画することが大切である。

3. 幼稚園教育における評価の考え方

(1) 保育における「評価」とは

1)「できる」「できない」

　表現活動の場面で，保育者は何気なく「上手にできたね」という言葉を使うことがある。しかし，それは必ずしも子どもが求めている言葉ではないかもしれない。無意識のうちに「できる」「できない」などの評価を下し，「できるように」援助しなくてはいけないと考えている場合がある。保育者はだれもが，子どもの個性を大切にしたいと思いながら，一方的に自分の価値観を子どもに押し付けていることがあるかもしれない。何気なく描いた絵を保育者に大げさに褒められたことから，いつも同じ絵を描くようになった子どもがいる。励ましのつもりで言った言葉が，子どもの表現を型にはめてしまったのである。時には褒め言葉が，そこから外れることができない基準となり，子どもをしばることもある。

　現代の子どもたちは恵まれて育っているように見えるが，実は緊張と不安を抱えながら生活している子どもも多い。その原因は，近くにいる保護者や保育者などの大人のかかわり方にある。周囲の雰囲気からずれないように「空気を読む」ことに必死になっている子ども，他人と比較していないと安心できない子どもなどが増えているようである。幼いうちから何かにつけて他の子どもと比べられ，習い事をすれば進度や勝敗で一喜一憂され，学校では点数で評価される。そうした評価が励みになる子どももいるであろうが，歪んだ優越感をもったり，常に追い立てられるような不安を感じたりすることもある。このような生活の中では，ありのままの自分を出せないし，認められなくなりやすい。

2)「今の育ち」の確認

　保育における「評価」とは，「できる」「できない」などで到達度を問題にすることではない。子どもの「今」をよく見ることから保育が始まる。

そのために評価をするのである。保育における評価とは，子どもの「今の育ち」を確認することであり，次の日以降の保育内容や働きかけの参考にすることである。領域は，子どもの育ちを総合的に確認する視点として設けられている。また同時に，評価は，指導計画の「ねらい」や「子どもの姿」は適切であったかを見直すことも含んでいる。子どもにとっての課題や保育の改善点を確認することでもある。つまり，子どもの「今」を確認し，次に目指すべき方向を探る一連の営みが保育の「評価」になる。

このように，子どもを総合的に評価し，理解することは，保育の原点である。そのために，保育実践のあとにエピソードや子どもの様子を記録することや，同僚と意見を交わすこと（カンファレンス）が必要になる。時間をおいて振り返ることで，子どもの育ちや自分自身のかかわり方を見直す機会を設けるのである。2017（平成29）年度に改訂・改定された幼稚園教育要領や保育所保育指針，幼保連携型認定こども園教育・保育要領では，保育を計画し実践する人（保育者）の意図が問題にされている。いわゆるカリキュラム・マネジメントであり，それを具体化するPDCAサイクルの実施である。保育が意図的な営みであるかぎり，働きかけの根拠や評価の基準が必要になる。それが子どもの発達過程の理解であろう。

（2）「表現」の評価

では，「表現」の評価について，どのように考えればよいのだろうか。まず，子どもの行為や言葉には，それ自体ですでに意味があると考えることである。それは，子どもを一人の表現者として認めることであり，その時保育者もまた一人の表現者として向き合っている。

例えば，タンバリンやカスタネットを壊れそうなほど乱暴にたたく子どもがいるとする。思わず「そんなにたたくと壊れてしまうよ」と声をかけるのは自然な対応であろうが，問われるのはその後の対応である。ただ面白がってそうしているのであれば，音を聞いてみるように言葉をかけたり，保育者がたたいて見せたりすることで，心地よい音の出し方に気付くかもしれない。しかし，言葉にならない不満や怒りを楽器にぶつけている

ように見えるなら，対応は違ってくるであろう。保育者も一緒になって和太鼓などを力の限りたたいてみると，もやもやした気持ちは「表現」として消化されるかもしれない。大人にとって好ましくない行為や言葉であっても，素直に表すことができる関係は大切である。子どもは，それを受け止められることを喜びと感じる体験を積み重ねることで，自分という存在に自信をもつことができる。それは保育者の大切な役割である。

「上手にできたね」という言葉を使ってはいけないということではない。子どもを思いどおりに扱うテクニックとして「かかわり方」「声のかけ方」を考えるのではなく，保育者と子どもが同じ地平に立って互いを受け入れ，分かり合う関係を築けることが大切なのである。

4．幼稚園教育要領 領域「表現」の内容の取扱い

> （1）豊かな感性は，身近な環境と十分に関わる中で美しいもの，優れたもの，心を動かす出来事などに出会い，そこから得た感動を他の幼児や教師と共有し，様々に表現することなどを通して養われるようにすること。<u>その際，風の音や雨の音，身近にある草や花の形や色など自然の中にある音，形，色などに気付くようにすること。</u>
> （下線引用者）

下線部は，2017（平成29）年の改訂で追加された文章である。子どもたちだけで戸外で遊ぶことが難しくなった現代では，自然に触れる機会をつくることは保育者の大切な役割である。自然には人の力の及ばない壮大さや不思議さがあり，変化に富み，人工物にはない多様さがある。たとえ園庭が狭く，周りに木や草のある環境がないとしても，保育者の工夫次第でできることは多く，保育者の感性によって子どもが感じ取るものが大きい。

例えば，生活の中で「手触り」を意識することはあるだろうか。自然の中には「ざらざら」「ごつごつ」「べたべた」など様々な手触りがある。その感覚は言葉で教えられるものではなく，直に触れ，もてあそぶことによって体得するものである。それは擬音と結び付いて言葉による表現を豊かにしたり，描画に精密さや奥行きをもたらしたりする。清潔さや快適さが

求められる現代の生活において、五感を働かせる体験は貴重である。

> (2) 幼児の自己表現は素朴な形で行われることが多いので、教師はそのような表現を受容し、幼児自身の表現しようとする意欲を受け止めて、幼児が生活の中で幼児らしい様々な表現を楽しむことができるようにすること。

　素朴でてらいのない子どものつぶやきや絵に心打たれることがある。ただ「子どもらしい」「かわいい」と喜ぶのではなく、その表現を通して子どもを理解し、保育者としてのかかわりを考えることが大切である。

　ある4歳の男児が、真っ赤な絵具でハサミを振りかざしたザリガニを画用紙いっぱいに描いた。力強い上手な絵だったが、担任保育者は違う見方をした。ザリガニがハサミで威嚇する姿は、周りの友だちに攻撃的な態度をとるその子の姿に重なったという。保育者がかけた「このザリガニはハサミを自慢してるのかな？それとも怒ってるのかな」という言葉は絵の良し悪しを問うのではなく、子どもの表現を真摯に受け止めようとするものであり、その子の攻撃的な態度の背景にあるかもしれない寂しさや不安などに向き合ってほしいという願いも込められている。

　表現を受け止めるとは、ただ表面的な言葉で肯定することではない。子ども自身が納得し、喜びを得られるような表現が「幼児らしい」のであり、それを支える保育者の言葉やモデル、素材や方法の提示、時には技術指導も必要である。

> (3) 生活経験や発達に応じ、自ら様々な表現を楽しみ、表現する意欲を十分に発揮させることができるように、遊具や用具などを整えたり、<u>様々な素材や表現の仕方に親しんだり</u>、他の幼児の表現に触れられるよう配慮したりし、表現する過程を大切にして自己表現を楽しめるように工夫すること。
> 　　　　　　　　　　　　　　　　　　　　　　　　　　（下線引用者）

　下線部は、2017（平成29）年の改訂で追加された文章である。例えば、「絵を描く」ための素材や道具として何が思い浮かぶだろうか。マジックやパス、絵具だけでなく、遊びの中では木の棒で地面に描いたり、柔らかい石でアスファルトに描いたり、曇りガラスに指で描くなど、身の回りの物を何でも使って表現する。保育者が柔軟な発想で、子どもの発達や興

味・関心に合った素材や道具を用意することで，表現の楽しさは広がる。また，美術展に行ったり，生の音楽演奏を聞いたりするなど，様々な芸術文化に触れることは，表現意欲を引き出す刺激になる。そこから何かをつくりたい，やってみたいと思った時に，自由にできる環境が必要である。道具や素材が使いやすいように整理整頓することも大切であるが，自由にやってみることが許される雰囲気や場所・時間の保障も重要であろう。

さらに，「他の幼児の表現に触れられる」ように配慮する。子どもの絵を壁面に貼ったり，工作を飾ったりしている園は多いが，その過程や思いまでが伝えられているであろうか。子ども自身が自分の作品やパフォーマンスについて語ることで，他の子どもとの協働的な表現活動へ広がることもあるだろう。ICT（情報通信技術）の活用も有効な方法である。

5．資質・能力および10の姿

（1）育みたい資質・能力

2017（平成29）年の改訂の大きな特徴は，3つの「育みたい資質・能力」が示され，これが幼児教育（幼稚園，保育所，幼保連携型認定こども園）から高等学校教育に至るまで一貫する教育の柱として明記されたことである。その3つとは，①知識及び技能の基礎，②思考力・判断力・表現力等の基礎，③学びに向かう力，人間性等，である。これは教育改革を意図しており，日本の教育を継続的連続的に捉える視点が明示されたといえる。

社会の変化がめざましく，かつグローバル化している中で，子どもたちにはどのような状況や社会でも有用な能力や資質を身に付けさせたい。単なる「知識や技能」ではなく，状況に応じて柔軟に発揮できる能力を意図しているのである。幼児期はその「基礎」を培う時期であり，特定の知識や技能を取り出して直接指導するのではない。子どもたちが興味や関心をもち，自分なりに探求しようとする姿勢が大切にされている。「思考力・判断力・表現力等の基礎」についても同様であり，遊びや生活全体の中で

育まれることが大切にされている。また,「学びに向かう力,人間性等」は,うれしい,楽しいといった感情が子どもの心情を豊かにし,それがさらに何かに取り組む意欲になり,自分の能力に挑戦したり,工夫したり,耐えたり,そして深く考える態度などにつながっていく。

　この根底にある考え方は,アクティブラーニングである。アクティブラーニングは「主体的・対話的で深い学び」とされる。汐見は分かりやすく次のように述べている。「『主体的』というのは,自分から進んでやろうとすること。同時に自分がやろうとすることに見通しをもって振り返ることです。『対話的』というのは,自分の考えや感じたことを他の人と伝え合うこと。そして『深い学び』は,『なぜ?』という理由や物事の仕組みを考えることによって,学びを更に深めていくことです。」[1]

　ここから分かるように,一連の①知識及び技能の基礎,②思考力・判断力・表現力等の基礎,③学びに向かう力,人間性等,という「資質や能力」の①から③への移行は,知識や技能の深化として理解できる。つまり,①は遊びや生活の中で,何かに気付いたり,理解したり,できるようになったりすること,②はそれを使って考えたり,工夫したり,伝え合ったりすること,③は友だちと一緒に遊んだり,相談したりすることによる思いやり,自信,受容する態度などである。これらは,アクティブラーニングによる知識や技能の深化として理解できよう。

(2) 幼児期の終わりまでに育ってほしい姿 (10の姿)

　資質・能力の3つの柱をふまえ,5領域の内容を具体的に示したものが「幼児期の終わりまでに育ってほしい姿」(10の姿) である (①健康な心と体,②自立心,③協同性,④道徳性・規範意識の芽生え,⑤社会生活との関わり,⑥思考力の芽生え,⑦自然との関わり・生命尊重,⑧数量や図形,標識や文字などへの関心・感覚,⑨言葉による伝え合い,⑩豊かな感性と表現)。

　この中で,領域「表現」に関連が深いのは,⑩「豊かな感性と表現」である。しかし,幼稚園教育要領等の解説において「豊かな感性と表現は領域『表現』のみで育まれるのではなく,(中略) 保育活動全体を通して育

まれることに留意する必要がある」とされているように，単独に取り出して指導するものではなく，また到達目標として評価するものでもない。

例えば，年長児になると当番活動として飼育動物の世話をすることがある。10の姿の⑦「自然との関わり・生命尊重」につながる体験であるが，自分の役割に責任をもつことや友だちと協力して行うことは④「道徳性・規範意識の芽生え」や③「協同性」にもかかわる。世話をした動物に愛情をもち，鳴き声や手触り，温かさなどを直接感じることで⑩「豊かな感性と表現」が育まれる。それが絵を描くなどの表現活動に結び付くこともあるだろう。実際に世話をした体験を通して描く絵には，子どもの感じたことや思いが込められている。動物の毛並みを細かく描いたり，身体の正確さにこだわって描いたりすることもあるだろう。あるいはイメージどおりに描けなくて試行錯誤するかもしれない。そこには粘り強く取り組む②「自立心」や，自分のイメージを友だちや保育者に伝えようとする⑨「言葉による伝え合い」の育ちもかかわる。その結果，いわゆる「上手な」絵が描けるようになるかもしれないが，その出来栄えだけが保育の成果ではない。その過程を含めて育ちの全体を捉えることが大切であり，10の姿はその指標となるものである。

まとめの課題

1．1989（平成元）年の幼稚園教育要領改訂によって，領域「表現」が設けられた理由をまとめてみよう。
2．年齢を想定して，摸擬保育の形で「あぶくたった」や「むっくりくまさん」などの集団の音楽遊びを指導してみよう。子ども役として参加した学生から，どのような気持ちで参加したかを聞いてみよう。
3．2の意見を参考に，実践した音楽遊びの指導案を作成しよう。
4．3の指導案について，評価のポイントを書き出してみよう。

引用文献
1）汐見稔幸監修：保育所保育指針ハンドブック2017年告示版，Gakken，2017，p.64

第5章 「表現」を生む場をどう捉え，つくるか：「表現」と環境構成

📖 予習課題

1. 公園，店，キャンパス内，どこでもよい。聴こえてくるすべての音にできるかぎり耳を傾けてみよう。好きな音，嫌いな音，なごむ音，懐かしい音。自分なりに分類しながら，音を言葉（擬音語や擬態語も含む）や絵を使って書きとめてみよう。
2. 自然物であれ人工物であれ，面白い形のものや面白い動きを感じさせるもの，好きな色や形の組み合わせを見つけて，絵や言葉を使って書きとめてみよう。
3. 身の回りのどんなものでもよい（文具でも，空き容器でも，椅子でも）。何か1つ選んで，目と耳と手を使って，可能ならば鼻や足の裏なども使って探索しよう。見たり，聴いたり，触ったり，動かしたりすることそのものを，どこまで楽しめるだろうか。

1. 表現を支える環境

　子どもたちは心身を使って環境*を感じ取り，働きかけ，その過程で心を動かし，心の中を様々な形で表す。表現というと，意図と技術に裏付けられて洗練された形を思い描きがちである。しかし，乳幼児期において

---

* 環境という語は，広くは「人を取り巻き，その人がかかわり合いをもつあらゆる対象の総体」と定義できる。環境の概念の中には人がいて自然があり，自然的なものや人工的なものがあり，それらが絡まり合った多様な出来事がある。私たちは環境を，事象の性質や営みの意味に沿って「自然環境」「人的環境」「家庭環境」「教育環境」「社会環境」「経済環境」などと分類・構造化して捉える。

は，こうして環境と相互作用しながら様々に表すことこそが重要であり，「豊かな感性や表現する力を養い，創造性を豊かにする」(幼稚園教育要領，保育所保育指針，幼保連携型認定こども園教育・保育要領) ことにつながる。

　子どもたちの表現を育てる上で，環境はどのように捉えられ，構成されるべきなのか。子どもたちの姿を出発点として，表現の育ちを支える環境構成について考えてみよう。環境という語は多様な意味に捉えられるが，ここでは，保育が営まれる時空間の中で子どもたちがかかわりをもつ自然や自然的なもの，施設や固定遊具，移動・持ち運び可能な様々なもの，そして「人」について考える。

2．子どもの姿

(1) 5つの観点から

　「環境と相互作用しながら様々に表す」とは，具体的にどういうことであろうか。畑，園庭，竹林という3つの場所での子どもたちの姿を，次の5つの観点から検討してみよう。

　①感じる：子どもたちは，五感を使って環境の中の何をどのように感じ取っているのか。

　②働きかける：感じることと働きかけることは表裏一体である。感じると同時に子どもたちは環境にどう働きかけているのか。また，その働きかけは，環境に何らかの変化を引き起こしただろうか。

　③イメージをもつ，イメージを操作する，想像する：ここからは心の中のことである。感じること自体にも心の働きがともなうが，さらに深く子どもの心の中を探ってみよう。心の中にはどのようなイメージが抱かれているだろうか。そのイメージがつなぎ合わされたり，飛躍したりして，想像が広がっているだろうか。

　④表す：①②③の過程を通して子どもから表れ出たものを見つけ出そう。どのような微細な動きや変化であっても，またそれが明確な意図

や技術に裏付けされていなくても，すべて子どもの表しである。

⑤表し合う―受け止め合う：子どもと保育者，子ども相互の「表し合う―受け止め合う」関係はあるだろうか。その関係は，そこにいる人々にどのような変化をもたらしているだろうか。もしも子どもが1人でいるとしたら（1人でいるからといって他者と無関係とは限らない），その子どもの内面はどう変化しているだろうか。

（2）3つの場所で

事例5-1　秋の畑　5歳児

　5歳児クラスの子どもたちが，サツマイモを掘ったあとの畑にいる。黒く柔らかい土を掘る子ども，投げ出して座った自分の足に土をかぶせて埋めている子ども，土で団子をつくって並べる子ども，イモの茎（つる）をひきずって歩く子どもの姿が見える。
　数人の子どもたちが協同して大きな穴を掘った。風呂に見立てたその穴のふちに腰掛けて，見えない湯の中で足をユラユラと動かして「いい気持ち」と言って笑い合っている。
　その子どもたちが立ち去ったあと，同じ穴の近くにきたアキラとケンが「落とし穴だ」と言う。アキラはわざと足下を見ないように穴に向かって大股で歩き出し，穴に差しかかると「わー」と落とし穴に落ちてみせる。ケンが大笑いしながらアキラに手を差しのべて穴から引き出すと，アキラは再び元の位置にもどって同じように歩き，また穴に「わー」と落ちる。ケンは再び大笑いして手を差し出し，アキラを穴から引き上げる。
　シンゴと数人の子どもたちは，シャベルでそれぞれ小さな穴を掘っている。シンゴが赤みを帯びた土のかたまりを「キラキラ光ってる」と叫ぶと，それをきっかけに他の子どもたちが「キラキラの土」を探し始める。ケンが立ち上がって「キラキラー」と言いながら，「キラキラの土」のかたまりを粉々にしてまき散らすと，周囲の子どもたちは太陽の光を反射しながら落ちていく土の粉を黙って見つめる。
　保育者が「お部屋に戻るよ」と声をかけると，子どもたちは道具を片づけ，イモの入ったカゴを協力して持つ。「おイモの茎もあとで使うから持って行こうね」と言う保育者の言葉を聞いて，リョウは，自分の体ほどの大きさに幾重にも束ねられたイモづるの輪を抱えて歩き出す。

事例5-2　冬の朝の園庭

　1人の男児が，バケツに張っていた氷を手に持っている。しゃがんでその丸い氷を土の上に垂直に立てて眺めているうちに，太陽の光が氷を通って地上に模様をつくり出すことに気付く。すぐ隣にいた女児もそれに気付き，自分の両手を光の模様の中に差し入れる。男児が氷を動かして角度を変えるのにともなって，女児の手の上に光の模様が様々に映る。2人は黙ってこの光の模様の動きを見つめ続けている。

　園庭の別の場所では，2人の女児が霜柱を手のひらにのせて「ほら見て，お陽さまにあたるときれいだよ」と保育者と周囲の子どもに見せている。

　5歳児クラスの女児4人が少し離れたところを縦列になって歩いている。それぞれが青桐の枯れ葉を「花束」と言って束ねて抱え，「♪ゆーきやこんこん」と歌いながら園庭の中を歩いている。

事例5-3　竹林の春から夏

　春，子どもたちは竹林でタケノコを掘る。エリはタケノコの硬い皮2枚を丸めて棒状にしたものを2本持ち，拍子木のように2本をカチカチ合わせて音を出しながら鼻歌を歌っている。保育者のところにきて，「これ楽器だよ」と言う。「聴かせて」と腰をかがめた保育者の耳元で，エリはタケノコの皮の拍子木を打ち合わせて鳴らす。保育者は「ほんとだー，いい音だね」と言う。

　数人で遊んでいる男児の中のナオキは，タケノコの皮を手首に巻いて何かに変身しているらしく，時どき動きを止めてポーズを決めている。カズミがタケノコの皮を帽子のひさしのように頭にのせてくちばしに見立て，「私は鳥」と言いながらピョコピョコ歩いているのを，保育者が他の女児たちと手をつないで笑って見ている。

　6月の雨の降る日，子どもたちは傘をさして竹林に入り，竹に耳をあてて雨の音を聴く。音を聴く時の子どもたちは，黙りこんで聴くことに集中しているように見える。保育者もあまり多くの言葉はかけず，静かに竹に耳をあてている。

　7月になると，子どもたちは七夕の笹竹をとりに竹林に入る。青竹の表面をじっと見つめて，指先で撫でる子どもの姿がある。みんなで協力して切った笹竹を保育者が抱えて歩きながら，「竹，フワフワだね。サラサラーっていい音がするね」と言い，持っている笹竹を子どもたちの頭上で揺する。「聴こえる」「パラパラーって」と言いながら竹を見上げて歩く子どもたちに向かって，保育者は「匂いもかいでごらん」と言う。

（3）子どもたちの姿から学ぶこと

　子どもたちの姿から，私たちは多くを学ぶことができる。紙幅の関係上細かい分析は読者に委ねることとするが（まとめの課題1），設定した観点に沿って，予習課題で感じたことや気付いたことも思い出しながら，いくつかの部分について検討してみよう。

1）感　じ　る

　畑の子どもたちは，触れること，見ることを通して，土の色，形，冷たさ，柔らかさ，動きなどといったいろいろな面を感じ取っている。他のどの場面においても，どの瞬間においても，子どもたちは五感を通して，ある時は総合的に，ある時は特定の感覚に集中して（例えば，竹に耳をあてている時の聴覚），自分を取り巻くあらゆるものを感じ取っている。

　感じるということは，単に環境からの刺激を受け取るだけのように思われるかもしれないが，そうではない。例えば，自分の足の裏が感じているものは，感じようとする主体の心の働きをともなって初めて感じ取ることができる。足の裏を感じれば，地面や床の上に居る自分の存在を感じることもでき，感じるとともに働く心の世界も確かなものとなる。五感を開いて外界とつながる自分を，こうして心身ともに確かなものにすることは，「表現者としての自分自身の確立」の第一歩である。

　感覚器官の発達という点で，とくに触覚と聴覚は乳児期から優れた働きをしていることを書き加えておきたい。子どもたちは大人よりも敏感に，耳や手，時には足の裏で感じ取っていることもある。

2）働きかける

　感じることと働きかけることとは表裏一体であるが，十分に感じることができた子どもたちは，さらに一歩進んで環境への働きかけを強め，環境を探求し，変化を加えようとする。土を感じた子どもは，土の形を変えたり，細かく砕いて降り注がせて光と空気との新しい調和をつくり出したり，あるいは氷を様々に動かして光の新たな様相をつくり出そうとしたりする。タケノコの皮を棒状にして楽器に見立てたり，身にまとって自分が

変身したりすることは，3）のイメージの観点にもつながる。土も，氷も，タケノコの皮も，子どもたちにとって大いに「働きかけがい」のある環境である。保育者が「あとで使うから持って行こう」と言ったイモづるもまた，部屋に持ち帰ることで，あらたな「働きかけがい」を発揮するだろう。

　環境への働きかけ方は，同じ土，同じタケノコの皮であっても，子どもによって，あるいは状況によって様々である。身の回りの様々なものを「働きかけがい」の可能性の幅という観点から見直してみるのもよいだろう。環境への働きかけ方はまた，発達段階とも密接に連動する。知覚や運動の能力，認識能力の違いによって，タケノコの皮を口に入れて確かめようとするか，もみくちゃにしようとするか，何かに見立てようとするか，ものを包もうとするか，可能性の範囲は変わってくる。年齢に応じた環境構成が求められる所以である。

3）イメージをもつ，イメージを操作する，想像する

　感じて，働きかけている子どもたちの心の中には，様々なイメージが抱かれる。目の前にないものや出来事を心の中に描くのがイメージするということであるが，心の中に生まれるのが具体的な像や言語化されるものばかりとは限らない。光を浴びて落ちる土を見つめる子ども，氷を通る光の模様を見つめる子ども，竹に耳をあてて音を聴く子ども，青竹の表面を指先で撫でる子どもの心の中には，言語化できないような抽象的な像が浮かんでいたかもしれない。これをあえて言語化させたり，具体的なイメージに置き換えたりしないことも，時には大切である。

　一方でもちろん，イメージを言語や音，色，形など何らかの形にして他者に伝えることも大切である。イメージが豊かになると，子どもたちはイメージを操作して遊び，想像力を駆使した見立てやごっこ遊びを発展させる。風呂や落とし穴，楽器に見立てたタケノコの皮，鳥への変身などはすべて，子どもがイメージを操作して想像することで成立する遊びである。

4）表　　す

　すでに気付いている人もいるだろうが，1）～3）の観点で見てきた中

に，いろいろな形での表しがある。どのような微細なことでも，子どもの表しと思われるものをすべて書き出してみるとよいだろう。ものや人に働きかけたり，イメージに沿って発信したりするだけでなく，じっと黙っている表情や身体，同じことをやり続ける動きの中にも，いろいろな形での表しを見出すことができるだろう。これらはすべて子どもたちが表現者として育つ上で必要な経験である。

こうして子どもたちが様々な形で表すことの中に，創造性が芽生える。創造性というと，特別に計画を立てて何かを「つくらせなければ」と思うかもしれない。もちろん何らかの指導計画に沿って，絵を描いたり，工作をしたり，歌を歌ったり，楽器を演奏したりすることも必要であるが，教材をととのえて「つくらせる」活動だけが子どもの創造性を育てるわけではない。あらかじめふちどりされた線をなぞって色を塗る子どもを見ても「つくっている」とは思わないが，氷を通った光の模様を発見して氷を動かしながら手の上に様々な模様を映し出すことに熱中している子どもの中には，「つくる」ことの原点があると，おそらく誰もが認めるだろう。

5）表し合う—受け止め合う

どのような表しも，それが確かに受け止められ，何らかの形で返されることによって意味を深め，発展する。「働きかけがい」のある環境が，子どもの表しを多彩に引き出すことは明らかであるが，そう考えると，「人」ほど「働きかけがい」のある環境はないといってよいだろう。双方向的な関係にある子ども同士，子どもと保育者とは，相互に主体となり，環境となり，表し合い，受け止め合っている。

まず，子ども同士の関係について考えたい。畑での「風呂」や「落とし穴」をめぐる出来事，「キラキラの土」をめぐる動き，枯れ葉の「花束」を持って歌いながら歩く子どもたちの様子を見てみよう。子ども同士がイメージを表し合い，受け止め合って共有し，協同して自分たちを取り巻く環境に働きかけることによって，何らかのイメージに基づいた表現を共につくり出そうとする過程が，そこに見て取れる。

保育者は入念な環境構成の主体であると同時に，その場で表し合い，受

け止め合うネットワークの構成員でもある。バケツに氷が張っていたことも，そこにタケノコの皮が置いてあったことも，保育者にとっては計画の内であったろう（まとめの課題2）。こうして入念に環境をつくった上で，保育者は子どもと共に感じて，働きかけて，表して，受け止める人として生き生きと存在する。そのような保育者に求められるものは，環境に向けて五感のアンテナを張り，好奇心旺盛に環境に働きかけ，イメージを豊かにもつ感性である。

3．感じて，働きかけて，表すことを支える環境構成

（1）基本的な考え方

表現を育む環境構成として求められることは何か。子どもたちの姿から学んだことに基づいて，基本的な考え方を以下にまとめる。
　①子どもが五感を開いて環境のあらゆる面を感じ取ることを保障する。
　②子どもの環境に対する「働きかけがい」を保障する。
　③感じたことに基づいて自由にイメージをもつこと，さらにはイメージを操作して想像力を膨らませることを保障する。
　④保育者自身も含めて，表しを相互に発信し合い，受け止め合う人間関係を保障する。

（2）まとめ―環境構成の留意点

子どもたちの表現を育む環境構成は，それぞれの園や子どもたちの状況に応じて個性的に考えられるべきものである。「基本的な考え方」は，①自然や自然的なもの，②施設や固定遊具，③移動・持ち運び可能な様々なもの，④人，というそれぞれの次元にあてはめて，各自が具体化していくことが求められる。具体化にあたって留意すべきことについて，最後に触れておきたい。

自然もしくは自然的な環境が，子どもたちの五感を開く上で優れていることはいうまでもない。もちろん，ただそこに自然があるだけでは不十分である。氷が張るようにしておく，歩くと枯れ葉を感じるようにしておく，子どもたちがそれに気付くように余計なものは排しておくなど，五感を活性化させて能動的な働きかけを引き出す配慮は常に求められる。

　建築や固定遊具などは容易に変更できない環境であるが，考えるべきは，それぞれの場所を主体がどう感じて働きかけるかである。「温かい・冷たい」「明るい・暗い」「硬い・柔らかい」「高い・低い」，あるいは「リズムを感じる」「コントラストを感じる」といった感じ方により，または「○○な気分になる」「○○ごっこをしたくなる」といったイメージの広がりの可能性により，いろいろな場所を見直してみるのもよいだろう。

　持ち運びできるもの，移動可能なものの選択と配置は，保育者の思考と工夫が最も表れるところである。子どもたちの興味や関心を予想して，制作コーナーや音遊びコーナーに計画的にものを置くことも，また，見たり聴いたりしてほしいと思うもの・音・作品を置くこともできるだろう。一方で，型にはまった壁面構成，子どもが働きかけたり想像力を広げたりする余地のない装飾，双方向性のないCD等やBGMの使用は，先にあげた「基本的な考え方」に照らしてみれば注意が必要であることが分かる。音の環境についていえば，乳幼児は様々な音が混ざり合った環境の中で音を聴き分けることが苦手である。「感じる」ことが環境との重要な絆であるような乳児および障害のある子どもの場合はとくに，音・音楽や装飾の不用意な使用によって環境からの刺激が過多になるのを避けることが，最も基本的な留意事項である。

　人＝保育者は環境をつくる主体であり，表し合い―受け止め合うネットワークの構成員でもある。もうひとつの大事な役割として，子どもたちが「やってみたい」「まねてみたい」と思うような，文化的実践のモデルでもある。保育者自身が，人とかかわり合いながら生き生きと表現する姿そのものが，子どもたちの表現を育てる文化的・社会的環境であることを忘れてはならない。

> **まとめの課題**
>
> 1. 事例5-1〜3の，それぞれに見られる子どもたちの様子を5つの観点（p.41）から詳細に検討してみよう。
> 2. それぞれの場面での子どもたちの表しが成立する上で，保育者はどのように環境構成を行っていたのだろうか。考えられる工夫や配慮をすべて書き出してみよう。
> 3. 自分がこれまでに訪れたことのある幼稚園や保育園，こども園の環境図を作成した上で，p.47の基本的な考え方①〜④を具体化の次元①〜④（網かけ部分）にあてはめて考えながら，改善点や新たな工夫点を提案してみよう。
> 4. 「小学校で使う楽器を先取りして教えて」「上手な絵の描き方を教えて」と求められたら，どう答えるだろう。環境と相互作用しながら「豊かな感性や表現する力を養い，創造性を豊かにする」ことこそが，小学校の学びに向かう基礎をつくると保護者に向けて説明するという想定で，1,000字程度の手紙を書いてみよう。

参考文献

- レイチェル・カーソン：センス・オブ・ワンダー，新潮社，1996
- ブルーノ・ムナーリ：木をかこう，至光社，1985
- R. マリー・シェーファー：サウンドエデュケーション，春秋社，1992
- 井口佳子：幼児期を考える―ある園の生活より，相川書房，2004
- 今川恭子・宇佐美明子・志民一成：子どもの表現を見る・育てる―音楽と造形の視点から，文化書房博文社，2005
- 小西行郎・志村洋子・今川恭子他：乳幼児の音楽表現：赤ちゃんから始まる音環境の創造，中央法規出版，2016

- 写真協力：中瀬幼稚園（東京都杉並区）

第6章 子どもの「生活」と「表現」

📖 **予習課題**

1. 子どもの行為を観察し，どのようなことを表しているのか考えてみよう。
2. あなたにとってコミュニケーションがとれたと思う時，とれなかったと思う時はどんな時か，書き出して話し合ってみよう。
3. コミュニケーションに必要なものは何か，書き出して話し合ってみよう。

[1] 受け止めること・表すこと

1. 表す存在としての子どもと育ち

　私たち大人は，言葉や文字，表情・身体で自分の思っていることや感じていることを，自覚的であろうとなかろうと表しながら生きている。子どもも同様で，暮らしの中で，様々なことを表している。私たち大人と同じようにはいかないにしても，言葉を話せるようになったくらいの子どもや，言葉はまだ話せないが，強く手を引いて要求するもののあるところまで大人を連れていこうとするような，その意思を表す身体能力が備わった年齢の子どもを思い浮かべるなら，いわれるまでもなく納得するかもしれない。しかし，たとえ生まれて間もない赤ん坊でも，おなかがすいた，オムツがぬれたなどの身体的な不快や苦痛を泣くことで表したり，また，心地よさを「ウックン」というような言葉にならない言葉を発したり，大人の働きかけにいい表情をしたり，四肢を活発に動かしたりするなどの形で表している。

「表している」と書いたが，もちろん，生後間もない赤ん坊にどれほどその意思があるのかは，必ずしも明確ではない。しかし，この年月齢の子どもなりの意思はある，と保育関係者は考えている。

何よりも大切なことは，子どもが私たち大人に何かを表していると捉え，それを受け止め返すことで，子どもの表す意欲が確かなものへと育まれていく。自ら（の感じていること）を表す意欲は，様々なことに意欲的に取り組もうとする態度と同根である。子どもの表しを受け止め返す存在がなければ，だんだん自分を表さなくなるだろう。そのことのマイナスは計り知れない。

人間は，人とかかわって生きていくことを逃れることはできない。子どもの表しにつき合う過程で，不快を取り除いて快をもたらしたり，そばにいて声をかけてくれたり，笑わせてくれたり，体を揺らしてくれたりするなどして，快をさらなる快にしてくれる人を認識し，大切な人に思っていくことは，その人を通して，人間が信じるに足るものであるという，人に対する基本的信頼を生む。

信頼する身近な大人の話す言葉を聞き，その発音をまねてみる，受容的に応答する大人の存在が身近にあれば，繰り返される応答的やりとりの中で徐々に近い音になっていくことだろう。また，育まれるのは言葉だけではない。喜怒哀楽など人間の基本的な感情とその表し方の文化的様式なども，知らず知らずに学んでいる。私たちが生まれた時から，日本語を話し，日本人としての感情の表出の仕方をするのはこのためである。

2．様々な表しと受け止め

では，具体的にどのような子どもの表しがあり，大人・保育者がどのようにそれを受け止め，応じているのかを，園生活を中心に見てみよう。

(1) 泣　　く

事例6-1　10か月児　11時少し前

先程まで，機嫌よくしていたと思ったのだが，何かの拍子に泣き出した。この子の家は，園の斜め前で飲食・宿泊業を営んでいる。保育者は，「昨日，地域の宴会があったみたいだから，夜遅くまでお客さんがいて，睡眠が十分でないのかも…」と少し早目に昼食を食べさせて，寝かす準備にとりかかる。

子どもがむずかって泣くということはよくある。言葉を話す前の子どもの場合，なぜ泣いているのかは，その時の様子やいつもの様子，知っている情報から，大人が読み取る以外にない。こうしたことは日々幾度となく繰り返される。外れることはあるが，表すことと受け止めることの繰り返しの中で，表し方も受け止め方も的を射たものになっていく。

事例6-2　2歳6か月児　11月

散歩に出かけた先で，母親が洗濯物を干していてわが子に気付き，遠くから手を振った。周囲の保育者が気付き，「レミちゃん，ママだよ」と教えたが，気付かないうちに母親は家の中に引っ込んでしまった。
　帰路につく際，同行していた筆者は，母親もわが子に会いたいのではないかと（今から思うと，全く余計なことをしたものだが），レミと一緒に呼ぶと，母親はもう一度顔を見せて両手を大きく振ってくれた。レミは「ママー」と泣いて，家の方に行こうとするので慌ててしまった。帰る方に誘ってもいうことを聞かず，「ママー」と座り込んでしまう。担任は「ママはあとでお迎えにくるよー」と言いながら，おぶいひもを取り出しておんぶして帰る。担任によると「このごろ，母親を見るとだめなのだ」と言う。迎えにきた母親に私がこのことを話すと，「春のころは保育所においていく際も，あと追いすることもなく，あっけらかんとしていたが，このごろメソメソする」と言う。

母親の表しを受け止めると帰りたくなって，その思いを言葉と行為（下線部）で全身を使って表す。こうして思いを表すことは，その意欲も含めて大切なことであるが，保育者は，子どもの思いに共感しながらも，子ど

もの表しをいつでも受け入れることができるとは限らない。最初に母親が手を振った際，子どもに声をかけて知らせてはみても，子どもがタイミングを外せば，それ以上，母親の存在を知らせようとはしなかった（二重線部）のは，筆者と違って，日々子どもと生活を共にしている保育者の今の子ども（レミ）理解（点線部）によるものであったと思われた。

（2）ほほえむ・笑う

> **事例6-3** オムツ替え　1歳児　2月
>
> 「きれきれしようね」と保育者は子どもをオムツ替えのシートに横たえた。子どもはとても機嫌がよい。太もものあたりをマッサージしながら「〇ちゃーん」と顔を近づけたり離したりして楽しむ。名前を呼ばれた子どもは笑って，保育者の顔が近づくと手を伸ばして触れようとする。そばで見ていた2歳児が顔を近づけたり離したりして保育者のまねをすると，そちらにも手を伸ばして笑う。

オムツ替えという生活の一コマだが，子どもの機嫌のよい状況を捉えた，ちょっとしたかかわり遊びのようなものでもある。子どもは，受身的にオムツを替えてもらうだけでなく，保育者の働きかけで，心地よく自分を表して楽しむことを繰り返している。このような2人の姿は，そばにいた2歳児も引きつけたようで，保育者のかかわりを（受け止め）まねて表してみる。保育者と2歳児，2人が笑いながら近づいたり離れたりすることに，子どももさらにうれしそうにかかわろうとする。

保育者からのかかわり（表し）のようにも見えるが，子どもが機嫌よくしていなければ，保育者はもってきぱきとオムツを替えたかもしれない。したがって，子どもの機嫌のよさという身体や心の状況の表しを保育者が受け止めてのかかわり（表し）ともいえる。子どもと保育者，どちらが先かはよく分からないが，表すこと，受け止めることの繰り返しが楽しさの輪を広げ，居合わせた子どもも取り込んで，新たな表しと関係・かかわりが生まれる。

（3）腕の動きを楽しんで

> **事例6-4** 「ミーのチンカンセン！」 2歳児クラス
>
> クラスルームの壁に，子どもが描いた絵が個人別に黄緑色の台紙に貼ってある。新たに描くと上に貼っていくので，何枚か重なっている。上の画用紙をめくって，下の方にある絵について保育者が筆者に，描いた時の状況を話してくれていた。描いた後「これなあに？」と保育者が何を描いたのかたずねると，子どもは「チンカンセン」と言ったそうで，下に小さく日付とともに新幹線を描いたことが記されている（写真6-1）。そんな説明を聞いていると，たまたま描いた子どもがそばにやってきて，それを見上げ，指さして「ミーのチンカンセン！」と言い，保育者も「ねー。ミーのチンカンセンなのねー」と少し首を傾けて，彼の言葉に同意するように言う。
>
>
> 写真6-1

　ミー（愛称）は車や列車が大好きで，その類の絵本をよく見ている。3歳の誕生日を迎えているとはいえ，2歳児のこと，はじめから新幹線を描くつもりだったわけではないだろう。腕の動きや，そうしてできるクレヨンの線を楽しんで表したものを，保育者が受け取りながら「これなあに？」と知りたい思いを表すことで，自分のつもりなのか好きなものなのかは定かではないが，「チンカンセン」と答えている。しかし，日数がたっても「ミーのチンカンセン！」と，自分が描いた新幹線だと言うことができるのだから，何を描いたのかたずねられて適当に思い付いたことをでまかせで言ったのではないらしい。百歩譲って，子どもに何を描くつもりもなく，何を描いたのかたずねられて適当に思い付いたことをでまかせで言ったとしても，保育者の問いかけに新幹線を描いたことにしたことはしっかり覚えている。自分の表したものにつもりが生じたことが分かっている。

　その後，また描く機会のあった際に，「ゾウさんできた！」と自分でもびっくりしたふうで見せにきたそうだ。腕を動かしているうちに偶然ゾウ

のような形ができたのだろうが，今度は大人にもちゃんとゾウに見え（p.12の写真2-3），すごいと思った保育者は「ほんとだねー。ゾウさんだねー」と言葉を返し，子どもは保育者にそれを渡すと別の遊びに行ってしまったという。

　子どもの年齢が低ければ低いほど描いたものがよく分からず，それを受け取る際によく大人は「何を描いたの」とたずねる。「〜（を描いた）」と答えてくれたからといって，本当にそれを描いたのだと納得できる場合はとても少ない。それでも，なぜか大人は「何を描いたの？」と，子どものつもりや絵についての説明を求める。子どもはそれをどのように受け止めているのだろうか[a]。この事例の子どもは，「これなあに？」「何描いたのか，教えてくれる？」という類の保育者の言葉をどんなふうに聞き，受け止めていたのだろうか。何気なく大人が言うこれらの言葉は，知らず知らずに何を描いているのかという意識をもたせるのかもしれない。もちろん，保育者が言っているように，手や腕を動かして描いているうちに，ゾウに見えて自分でもびっくりして知らせにきたのだろうが，その底辺には日ごろ，さしたることもなく，「何描いたの？」という，描いたものを知ろうとする大人のかかわりが関係していると見ることもできよう。

（4）みんなで体を動かして

事例6-5　「♪ま・ほ・う—の杖ですよー♪」　2歳児たんぽぽ組

　4, 5人の2歳児とホールに出ていった担任は，「これが魔法の杖ね」と，広告の紙で剣をつくる要領で，紙を丸めてつくった棒の先に星をつけたものを渡す。「♪ま・ほ・う—の杖ですよー，たんぽぽさんのお友だちー♪」と歌い，何になるかを聞くという遊びを始めた。ナル（3歳4か月）が「オニ！」と言うので，保育者が「チチンのプイ！」と言うと，子どもたちはみんなオニになる。「じゃ，今度だれー？」と，保育者は変身するものをだれかに指定してもらう。ヘビでは，ニョロニョロと床を這ったり，保育者の上に乗ったりして楽しむ。ウサギでは，飛び跳ねる。楽しそうな雰囲気に誘われてか，いつのまにか3歳児クラスの子どもも数人チョロチョロと加わっている。

この０・１・２歳児混合クラスの保育者は，年齢が上のクラスが部屋に入ってお帰りの会をするころになると，よくこうして子どもたちを誘ってホールに出てくる。ある時は，色や大きさの様々なソフトなボールを広い空間に何個か転がしてやりとりしたり，子どもに追いかけさせたり，また，子どもたちが大好きな『ひょっこりひょうたん島』（作詞：井上ひさし・山元護久，作・編曲：宇野誠一郎）の曲をかけて体を動かすこともあった。２歳児のダイは，この曲の「♪悲しいこともあるだろさ♪」のところで，本当に悲しそうな顔をすると保育者の間でも評判だった。単に音楽に合わせて体を動かすだけでなく，歌詞にある「悲しい」「苦しい」「泣きたい」「笑っちゃおう」などの意味が体験としても分かって，体ごと表現して楽しんでいた。

　年長児がドッジボールや鬼ごっこなどをしている時は，子どもによっては（弟妹関係などから）ホールに出てきても，安心してゆったり遊べない。クラスにも５～６畳ほどの床スペースはあるが，活発に動く遊びをしようとすると体がぶつかってトラブルが生じ，かえってストレスになりやすい。この日は広いスペースを自由に使って，体で動物などを表現して楽しんだ。

　動物の名前を言うと，その特徴をよく捉えて体で表す。午前中，節分行事で，吹雪の中，鬼が金棒を振り回しやってくる姿が見え隠れして，園全体で震え上がった日だったためか，「オニ！」というリクエストの声も聞かれた。分かっているのかどうか分からない感じで行事に参加しているように見えたが，２歳児なりに印象深いところはきちんと受け止められているようである。そして，また違う遊びの中で，自身の鬼体験を表して生き直していく。魔法の杖という変身への小道具は，必需品としてクラスの棚に置かれている。

（5）順番を待つすきに

事例6-6 ちょっと落書き　4歳児

運動会が近くなって，このごろは，午前中は10時くらいからある一定の時間，当日の種目をみんなでやってみるという活動をしている。今日は，向こうに置かれた三角錐のコーンを目指して走って行き，それを回ってもどってきて次の走者にバトンを渡す競技を，4・5歳児でやってみることになった。5歳児担任がその説明をしているが，ゲンはつまらなくなったのか，列の後方で地面にしゃがんでのびのびと絵を描き出した。なかなか楽しい絵である（写真6-2）。列が全体に少しバックする際に彼につかえ，4歳児担任に見つかってしまった。「ほら，ちゃんとしなさい！　今はこんな時間じゃないのよ。今の説明分かったの？」と叱責され，腕を引っ張って立ち上がらされる。

写真6-2

　小中学校時代を含め，こんな経験はだれにもあるのではないだろうか。全体活動，しかも運動会というお客様（保護者）を迎える日に向けての時間なので，ゲンが表したものはその価値を全く認められていない。保育者は，しっかり説明を聞いて理解し，運動会当日もきちんと競技ができるようになってほしいとほかの全体活動より強く思っていることであろう。

　子どもは様々な時に様々な表しをしている。保育者にも，その時どきに，保育のねらいや子どもにこうあってほしいという思いがあって，いつどんな時でも子どもの表しをすべて受容できるとは限らない。また，事例のように，「今はこんなことをしている時じゃないでしょ」というかかわりをすることで，育っていくものもあるだろうb)。しかし，このような姿から，本当にこの競技が，日ごろから子どもが楽しんでいる運動的な要素が入った魅力的なものか，ゲンにとってはどういうものかという種目の適切性，説明は4歳児にも分かりやすいものであったのか，活動時間は4歳

児にも適切であったのか（小規模園の4・5歳児混合クラスのため，種目も4・5歳児一緒に行うことになりがちである）などを考えてみると，どうなのだろうか。絵は何を描いたかが気にされやすいが，こうした時に描くという行為そのものが何を意味するのかを考えてみるという受け止め方をすることで，保育が検討でき，有意義なものとなる。

（6）壁面製作で

事例6-7 ラーメンづくり　2歳児クラス　1月末

　1月の壁面には，丸く切った白い画用紙に，子どもが描いた線や渦といったなぐり描きを2つ合わせて雪だるまにしたものが貼ってある。2月を迎えるにあたり，担任は壁面を何にしようかと考えたそうだ。「鬼も浮かんだが，節分は月の頭に終わってしまうので，また変えるのも面倒だ。なるべく月末まで飾っていて違和感のないものを」という思いと，「冬なので，何かあたたかくなるものがいい」という考えがあり，2歳児クラスは屋台のラーメン屋を，可動式扉で仕切ることはあるものの生活の大半を基本的には一緒にしている続きのスペースの1歳児クラスは屋台のうどん屋をつくることにしたと，後に筆者の「どうしてラーメン（うどん）屋台なの？」という質問に答えてくれた。

　まず，雪だるまの時と同様に，画用紙を今度は変形楕円にして，麺の部分にするために，子どもに「ラーメン，ぐるぐるー」となぐり描きをしてもらった。後日，保育者が茶色の画用紙で子どもの人数分つくっておいたどんぶりに，不要になった出席シールを貼って柄にして，つくっておいた麺部分を個人別に貼り付け，リサイクル箱に入っていた様々な色画用紙の切れ端で具をつくって載せた（写真6-3）。

　保育者が「何にする？」と子どもに問いかけながら，黄色の色画用紙の切れ端を手にして「卵と…」と言っていると，「お肉！」の声。「お肉ー，じゃあ，チャーシューをつくってあげるね」と茶色の色画用紙の切れ端でチャーシューが載る。保育者が「お野菜がないねー」と言うと，「お野菜入れる！」と子どもが言い，保育者が「どれがいいかなー」と緑色の色画用紙の切れ端を渡すと，子どもが切る。「もう少し何かほしいなー，そうだ，ナルトをつくってあげるね」などとやりとりしながら，少しずつラーメンらしくなる…。

　ひとりっ子で家でハサミを使用したことがないのだろう，そばでぎこちない手つきで，一生懸命黒い紙を切っていたコウヤを見て保育者が，「コウヤくん，それのりみたいだねー」と言うと，「のり」と言いながら危なっかしげだがチ

ョキチョキと切り続ける（写真6-4）。そうしてできあがったラーメンを貼る際，保育者が白い湯気をたてると部屋があたたかい感じになった（写真6-5）。「コウヤくんのは？」と聞くと，「あれ」と少し高いところにある，のりがいっぱい載ったのを指し示す。自分の表したものがどれか分かっている2歳児たちである。

写真6-3

写真6-4

写真6-5

　描き出すに際して，担任は，こうなるんだよとできあがり見本は見せたそうだが，もちろん，子どもはラーメンのつもりでなぐり描きを楽しんだわけではない（と担任も見ていた）。誕生会もあり，節分行事も近い時期で，毎日ラーメンづくりをしていたわけでもない。活動は，日を飛び飛びに，年齢に合わせて短い。

　しかし，自分が描いたものが保育者の用意したものと一緒になって新たに壁面を飾った。壁面が変わると，クラスの雰囲気も変わる。この年齢の子どもなりにそれは感じていることだろう。そこで生活する子どもにとって，自分の表したものが受け止められている，大切にされていることを，そこはかとなく感じる環境になっているのではないだろうか。それは，それぞれに受け止められた充足感や安心感を生むだろうし，また描いてみようという意欲につながるものであろう。

　描くということは表しの一形態に過ぎないことを考えれば，自分を表すこと，求められているものを表すこと全般にいえることであろう。このような気持ちや感情をもたらす保育者を，子どもはますます好きになるのではないだろうか。そうした中で，子どもとの信頼関係もできていく。

（7）生活経験の中から

事例6-8　おしゃれバッグづくり　5歳児

　保育雑誌の付録の中に，紙でつくるバッグが載っていて，いいなと思った保育者は，材料とともにその冊子をクラスに出してみた。冊子に示されたつくり方を見ながら，何人かの女児たちがやり出した。そのうちの1人，マキは家に持ち帰って，いろいろ工夫してバージョンアップしてはそれを持って登園し，好きな遊びをする時間には，ロッカーから取り出してさらに工夫をする。

　バッグは取っ手にチャームをつけたり，中に携帯電話入れがあったり，内ポケットにハンカチをつくって入れていたり，また，コンパクトやメガネとメガネ入れ，マニキュア，まつげをくるりとさせる器具（ビューラー）など中学3年生の姉が持っているものをよく見ていて，とても小さな小道具も工夫してつくってくる（写真6-6，7）。毎日持って帰っては家でもつくり，冊子の見本のバッグの何十倍も工夫され，すてきなものになっている。担任はじめ保育者たちは「わー，またバージョンアップしたねー」「よく考えつくねー」「これはなんなの？」など，心底感嘆の声をあげ，興味津々のまなざし。そのすてきさに触発されて「あっ，私もそれつくろう」とまねを始める子どももいる。

（ハンカチ）

（コンパクト）

（マニキュア）

（メガネとケース）

（ビューラー）

写真6-6　　　　　　　　　　　写真6-7

　子どもは，生活する中で触れる様々なものを実によく見ている。時間や材料・道具があれば，こうして工夫しながらそれを表して楽しむ。子ども

の思い付きや工夫に、お世辞ではなく心底感嘆の声をあげる大人や仲間がいて、マキがつくったものを受け止めてその思いを表し、触発されて自分もつくり出す子どももいる。それがまた、豊かな表現を生む。

このようなことは、言葉などにもいえる。1月は、環境として正月遊びの道具が出ていた。その中のトランプや花札をする際に、「シャッフルした？」「シャッフルしよ」などと言いながら、カードを切る（ばらす）。カタカナで表現することで、少し大人びた感じを味わっているように見えた。七並べというトランプ遊びそのものだけでなく、このように言うことも楽しんでいるようであった。筆者の子どものころは「切る」と言ったが、随分おしゃれな言葉だななどと思いながらトランプ遊びに加わっていた。

しばらくして、某テレビ番組の終わりごろにトランプが出てきて、「ラブシャッフル」という文字が目に止まった。いわゆるトレンディドラマの時間帯だった。最近、子どもが母親の見るテレビ番組につき合って、就寝時間が遅くなる傾向にあることなどが報告されているが、親世代の年齢を考えてもこの影響かと思った。その後、50歳くらいの保育者と話していて、（たぶん）仕事のローテーションのことを「もう、シャッフルしたから」と言っていてびっくりした。筆者が知らないだけで、世の中の変化が先なのか、テレビがもたらしたものかは分からないが、子どもは身近な生活経験の中から、心ひかれたものを取り入れて生活していることを実感した。

写真6-8

「ラブシャッフルっていうテレビ知ってる？」と子どもに聞く機会があった時には、何人もの女児が「知ってる」「見てる」「お姉ちゃんが見てる」と言う。いずれにしても、子どもは、周囲の大人の言葉遣いや立ち居ふるまい、生活用品（写真6-8：アイポッド、6-9：コンピュータ）や生活様式なども受け止め表していく。そうした意味

写真6-9

で，大人は自分自身の存在も自分たちがつくり出すものや世の中すべてを通して，文化の伝え手でもある。

3．表しを受け止める楽しさ

事例6-9　「今は自分の手で育てたい」

　ある日，車中で出会った0歳児を連れた素敵なママが，「保育所に預けたいと思わないの？」という筆者の問いに，こう答えてくれた，
　「生まれたばかりの時は，なぜ泣いているのかよく分からなくて，隣の駅に住む母によく助けてもらうこともあった。でも，今は子どもがなぜ泣いているのかが分かってきて，日に日に変わっていく。こんな時を保育園の先生に独り占めさせて，自分で見られないなんてもったいないと思うから，仕事にもどりたい気持ちもないわけではないが，今は自分の手で育てたい」

　生後間もない乳児の，生理的なものに過ぎなかった様々な発声やほほえみや泣きは，その時どきに，様々な意味を付与しながら受容的に応答する身近な大人がいて，次第にコミュニケーション手段としての機能が高まる。すなわち，子どもは泣くことで空腹やオムツのぬれなどの不快感，苦痛や不安，寂しさを表し，笑ったり，機嫌よく落ち着いていたりすることで精神的身体的快や満足感を表し，身近にいる大人がその状況での子どもの気持ちを汲み取り，言葉にして返すことでその欲求（しているとおぼしきところ）を満たす。満1歳ころから，徐々にその生活の文脈の中で言葉らしきものも発するようになる。

　この母親の言葉は，子どもが，泣くことで自分の要求や気持ちを表し，表情や喃語や体の動きで母親とコミュニケーションしていることをよく示している。母親が子どもの表しの意味を分かり，受け止められるようになることで，それまでのいらだちや大変さという負の感情の中に，育てることの楽しさや喜びが生まれてきた。子育てはただ大変というのではなく，大変だが楽しいものでもあることに，母親が気付いている例といえる。

[2] コミュニケーションとしての表現

1. 見ること

事例6-10　1・2歳児混合クラス

　この園に時折訪れる存在の筆者がクラスに入ると，さっと室内の空気が変わって1歳児がこちらを見る。「だあれ？」「何しにきたの？」「こわい…」そんなふうに言っている子どもの目，子どもの目…。食事中などでは，手や口が止まる子どももいる。

　子ども同士でも感じるのか，トモキはそばでゴンの頭をなでてあげながら，ゴンとともに不安げに私を見る。とくに，ゴンは，昨秋，10か月で途中入所した時から，私を見ると泣き出すことがよくあり，クラスに入るには遠慮があった。今年に入り，くったくのない担任の性格もあるのか，少しは慣れてくれたかと思っていたが…。その様子に担任が笑う。

　言葉はコミュニケーションの道具といわれるが，言葉が話せないとコミュニケーションができないわけではない。事例6-10のように，まなざしはその時どきの子どもの気持ちを語っている。もちろん，その読み取り・汲み取りに間違いもあるだろう。しかし，普段の子どもの様子やその時の様子，その後の姿，表情や声，全身からにじみ出る雰囲気などと相まってコミュニケーションは成立する。

　その際，目・まなざし，つまり見ることは，大きなウエイトを占める。「目は心の窓」ともいうし，津守は，「むかし，ギリシャの哲学者エンペドクレスは，目から光が発していて，それによって物を見ることができると考えたという」[1]と紹介している。もちろん，光など出ないが，それほど強い威力があるということなのだろう。言葉が巧みでなく，また，つくろう術にもたけていない幼い子どもゆえに，目，見ることはストレートに子どもの気持ちを語る。

2．まねること

事例6-11　まねっこ　2歳児　2月

> ミーが絵本を持ってホールのストーブのそばに行って広げると，コウも絵本を持って行って並んで見ている。その少し前にもミーのすることをまねていたコウであった。
> その様子に私が感じたほほえましさを保育者に伝えると，「コウはいつもミーのすることをまねる。何でもミーで，彼が休むとどうしていいか分からず，ポカーンとしている」と言う。

まねることは，対象となる人や事柄に対する，まねする子どもの興味・関心を表す。成就されれば気持ちは満たされ，それを通して共感が生まれる。クラスの他者に関心をもち，友だち関係が育まれることを願わない保育者はいない。一緒に行うこと，まねることはその一歩である。ただ，保育者は同時に，自分でしたいことや遊びを見つけてすごすことができるのも大事に考えている。保育者が願うことは，一面的ではなく，複数のことが絡み合っている。そのため，事例6-11の保育者はコウの姿に満足していない。

ほかにも，仲のよい他者の絵をまねて描くことに対して，自分らしい表現をしてほしいと願うこともそうである。また，仲間関係ができてきた3歳児クラスで，だれかが弁当のデザートに持ってきたミカンに箸を立てて「ミカンを持ってきた人，手ーあげてー」などと言うと，周囲の子どもが「はーい」などと，同じように箸を突き立てたミカンを上にかざすことがある。しかし，こうした年齢であること，クラスに仲間関係ができている表れによるコミュニケーションであることが分かっていても，このような食べ物に関する遊びを容認できないことなども同様である。

3. 見せること

事例6-12　ドンドンドン　3歳児

なわとびに挑戦して回すことができた3歳児の脇を、ちょうど通りかかった担任のアヤ先生。通り過ぎながら「すごいねー」と声をかけた。たまたまそばにいたリカ（なわとびは持っていない）は、行ってしまうアヤ先生の背に「アヤせんせー」と呼び、先生が振り向くとドンドンドンと両足で思い切り跳ねる。アヤ先生は「何？　リカちゃん、…その場跳び？」、<u>リカはしっかり首を縦に振る（うん！）。満面の笑みである。</u>

　ここでリカが呼んだ「アヤせんせー」の言葉は、正確には「アヤ先生見ててー」ということだろう。先生はとっさのことだったが、「その場跳びか」と聞いた。今年赴任したアヤ先生は27歳、園で最も若い保育者である。両耳の脇で髪を結うこともあるその容姿に、4月、5歳児のマキは「アヤ先生は大きくなったら何になりたいの？」と聞いたそうだ。秋にも「アヤ先生は高校生？」と言っている5歳児の姿があった。子どもにとってかわいい憧れの先生、3歳児にとっては自慢の担任である。リカの反応と表情（下線部）は、その先生に振り向いてほしかった思いが満たされたからであろうが、日ごろの負けず嫌いな一面を考えると、その思いはなわとびを跳べた子どもが得たアヤ先生の承認に触発された部分もあるだろう。

　大人は子どもに「見てて」「ねえ、見て見て」とよく言われる。見てほしいものは、鞄についているチャームだったり、鉄棒など何かができるようになったことだったり、もうすっかり治って探すのに苦労するような古い傷だったりする。実習中や保育者として勤務する中では、そういう子どもの要求にたくさん出会うことであろう。もちろん、本当にそれそのものを見せたいということもあるが、その人を自分に振り向かせたい思いの表れであることも多い。「見てて」という子どもの要求はあまりに多く、保育や子どもに慣れてしまううちにおざなりになり、適当にうなずいたり、

「すごいねー」と言葉を返して，それ以上深く考えないことも多い。保育の日常は次から次へと忙しいが，保育の中で出会う子どもの行為や言葉は子どもの気持ちを表しているという考え方に立って，ていねいに受け止めて返していきたい。また，「見て（て）」というような言葉はないが，行為がそう言っている場合もある。事例6-13は，言葉はなくても状況や子どもの行為から，保育者が子どもの気持ちを代弁して伝えてあげている。こうした子どもの行為のていねいな汲み取りが，言葉による表現や保育者との信頼を育む土壌にもなる。

事例6-13 「見て！ 僕のもかっこいいでしょ！」2歳児クラス 3月

卒園式の練習にホールへ。座って5歳児の入場を待っていた。筆者の右端にいるミサオに，彼が着ている縞のオールインワンを，「ミーちゃん，今日のお洋服かっこいいねー」と言った。当の本人はちょっと自分が着ているものに目を落としたが，別にどうということもなさそうであった。保育者が「だってトミカだもんねー」と言う。トミカとはミニカーなどのメーカーだそうで，胸や腕など何か所かにパトカーなどの車のワッペンが付いていて，背中にはTOMICA，腿のあたりにもトミカの文字ワッペン。

なるほど車好きのミサオならではの服だと思っていると，私の左脇にいたダイもポロシャツの胸元を一生懸命引っ張って何か言っているがよく分からず，私は「何？」と言った。すると，ダイの脇にいた担任が，「ねー，ダイのもかっこいいから見てほしいよねー」と言葉を添える。見ると，横縞のポロシャツの胸元にサッカーチームのマークが付いていたので，「ダイちゃんのは，サッカーのマークだね，これもかっこいいねー」と返す。

4．一緒に動くこと・歌うこと

事例6-14では，共有体験をベースにところどころ言葉と行為でコミュニケーションして確認しながら，共に歌い，動き，踊ることで，発表会を生き直して楽しんでいるだけでなく，互いの絆・関係の深まりを体験している。午前には，初めてステージに上り，本番さながら，修了証書を受け取る練習をしたことを考えると，いよいよ卒園が迫った感のある中で，こ

の年齢なりに楽しかった園生活を名残惜しむ気持ちもあるかもしれない。12月の初めのころに演じたオペレッタを，3月半ばにこんなふうに自然に自分たちで楽しめるのは，このオペレッタが単に生活発表会のためのものではなく，子どもたちが日々楽しんで担任や仲間とつくり上げていく過程に生活発表会という場があり，それを経てまた子どもの中に深く広がっているからであろう。

事例6-14　オペレッタ「ネズミの嫁入り」　5歳児　3月半ば

　食後，思い思いの遊びをしている，ゆったりとした時間帯。担任は壁面の絵などを外し，卒園式で歌う「さよならぼくたちのほいくえん（ようちえん）（作詞：新沢としひこ，作曲：島筒英男）」の歌詞を貼り，卒園式バージョンに変える作業を始めた。外したものに，〈ちゅうこ〉〈ちゅうた〉〈おひさま〉〈くも〉〈かぜ〉〈かべ〉〈めでたいな〉という見出しの歌詞が書かれた7枚の紙があり，2人の女児はそれを見ながら振りをつけてリズミカルに踊って歌う。
　担任が，その動きの背景を補足してくれた。それによると，昨年12月初めの生活発表会でこのオペレッタをやった。踊っているのは，その時の，ちゅうこ役の子どもとおひさま役の子どもであるという。自分のパートのせりふや振り付けはもちろん，ほかの役の歌や踊りもよく覚えていて，「じゃ，つぎは〜ね」「ここは，こうするんだよ」と，歌詞の紙と体の動きで確認しては2人向き合って歌い踊る。おひさま役の女児は何でもよくできるクラス一のしっかり者だそうである。その後，休憩に入った担任に代わってクラスに出た臨時保育者が，頼りにしているのだろう，分からない時にはその子どもに聞く姿があった。

　行事，とくにこういう舞台で披露する行事は，そこへ向けて目指していき，その日が終わればおしまいということになりがちである。別に子どもの中からオペレッタの要求があるわけではなく，保育者が提案・企画することが必要であったと思われるが，保育者が主導しても，その過程でそれが子どものものとなっていくことで，子どもの体験と楽しみ方の幅も広がっていく。こうして，楽しい時を共有することは何よりのコミュニケーションである。また，事例6-15のように，口ずさむことで，そこはかとなく連帯意識と寂寥(せきりょう)感を通わせるようなこともある。

> **事例6-15**　口ずさみながら　5歳児クラス　3月
>
> 卒園式に歌うので，このごろ時折，ステージで練習している「さよならぼくたちのほいくえん（ようちえん）」を口ずさみながら，テーブルを囲んで思い思いの絵を描く。保育者も子どもも残り少なくなった日々を名残惜しむかのように，クラス内の別の場所にいてもところどころハーモニーを合わせていく。

5. 聞くこと

> **事例6-16**　製作で　2歳児クラス　2月
>
> 保育者が，先に製作を終えて遊びにいったハルコがやり残していることがあることに気付き，ちょうど貼り終えてホールに遊びに行くところだったミサオに，「ハルちゃんに，貼り忘れたのがあるからちょっときてって言ってくれる？ できるかな」と頼んだ。かすかな「んっ」と言う言葉が聞こえたような感じのまま駆けて行ったミサオの背を見送り，担任は，「伝えられるかなー」とつぶやきながら，ほかの子どもの援助をする。
>
> しばらくして，ハルコがやってきて，担任は「ハルちゃん，ミーちゃんが伝えてくれたんだねー。ここにね…」と続きを促す。「ハルちゃん，ミーちゃん何て言って教えてくれたの？　先生が呼んでるよーって教えてくれたの？」などと聞くが，ハルコは別に答えず，言われた作業をする。
>
> ホールにいた保育者に後に聞いた話では，ミサオの言葉はほとんど「おい！ あっ！　○×～」と何を言っているのか分からない感じであったが，ハルコの服を引っ張って一生懸命何か（たぶん「部屋で先生が呼んでいるからもどれ」）を伝え，クラスのある方を指さして必死の形相だったそうだ。

　2歳児は，保育者が用事を頼んでも別に確かな返事があるわけではない。「先生が呼んでるよ」「分かった」などというコミュニケーションにはならない。しかし，分からないように見えても，大人の言うことはよく聞き理解できる。事例6-16のように，何とか相手に伝えようとする。こうして，積極的にクラスのほかの子への言付けを頼むことが，いつもとくに意識することなくいる人を意識させることにもなり，クラスの成員を結び

付けていく機会になる。他者が確かに捉えられることは，生活の中でその人のすることをよく見たり，聞いたりする機会を広げ，互いのかかわり合いも増えていく。

　また，5歳児になると，1か月も前に聞いたこともよく覚えていて，その時がくれば，こちらが忘れていても，それを持ち出してコミュニケーションできる（事例6-17）。

事例6-17　ひと月たっても　5歳児　3月初め

　節分の翌日，保育園ごっこで前日の節分の相談の時のことを再現して遊んでいた子どもたちがいた。その際に使っていた，彼女らがつくった小道具の鬼の手紙が，子どもたちが帰ったあとのクラスルームに落ちていた。私は担任に，先生役をしていたアイにいらなくなったらほしいと伝えてもらって帰った。

　ほぼひと月後の3月初め，園に行くと，私の顔を見てアイは，「鬼の手紙あるよ」と言う。とっさに私は，園にきたものかと思ったが，それはすでに自宅に持って行ったので，何のことかという気がちらりとしたまま，「そう，じゃあ，あとでちょうだいね」と言った。もらってみて，保育園ごっこのことや，自分で頼んだことを思い出した。「よく覚えていたねー」と本当にびっくりした気持ちを伝えると，アイ「だって，ミキ子先生に言われたもん」，私「そうそう，私頼んだのね」，アイ「でも1回しか言わなかったんだよ」，私「そうなのー。この小さい頭でよーく覚えていたね。私は忘れてしまっていたのに…」。担任に話すと，確かに1回伝えただけだが，私を見たら「『鬼の手紙渡さなきゃ！』と思ったんだね」と話す。

6．やりとりすること

事例6-18　ボールを転がして　11か月児

　触ろうとしていたか，つかもうとしていたボールが，コロコロと保育者の足元に転がってきた。「レンちゃーん」と子どもの名前を呼びながら，子どもの方に向かって転がしてあげると，座った足元にあたり，また捕らえられない。保育者が取りに行って，ある距離をとってもう一度転がすと今度は捕らえることができた。その後，自分で少し押して転がすようなそぶりをする。こちらま

> で転がってはこないので取りに行って，もう一度離れた位置から子どもの方へ転がしてあげると，かすかにニコリとし，また押すように転がす。何度か繰り返すと，たまにはこちらに転がるくらいうまくなる。

　物を介していてもいなくても，互いにやりとりを楽しめるようになると，気持ちの通い合いがある。事例6-18では，子どものしたいことがはっきり分からず繰り返している。保育者の読みがあたったのかもしれないし，保育者の方が促したのかもしれないが，両者の間をボールが行き来して，かすかなコミュニケーションが成立し，徐々にはっきりしたものになっていく。物をやりとりすることは，物に託した気持ちのやりとりであると考えると，物は両者を行き来しながら，関係をつないでいる。

7．かけ合うこと

事例6-19　お帰りの会で　5歳児さくら組　3月

> 前に出た子ども「さーくらさん！」
> みんな「なーんですか？」
> 前に出た子どもが「こんなこと，こんなこと，でーきますか？」と人差し指で鼻をブタのようにあげると，みんなは「こんなこと，こんなこと，できますよ！」とその行為をまねて笑う。挙手でいろいろな子どもが前に出て，ほかに，右腕を頭の後ろから回して左耳を引っ張ったり，おしりで文字を書いたりなど，いろいろな変な動作を考え，この要領である。楽しいお帰りの会だ。

　保育の世界には，手遊び・指遊びを始め，こうした様々なやりとり遊びがあり，様々な機会に遊ばれる。やりとり遊びには，必ず歌と動きがあり，保育者のまねをしたり，みんなで楽しんだりする動きの中にもかけ合いの要素があるが，このようにかけ合いで成立するやりとり遊びは，よりはっきりと言葉と動きをやりとりする。こういうやりとりができるようになるには，間合いを取ることが必要で，クラスの気持ちが1つになってくることの表れでもあり，こうしたことを通して，みんなで合わせようと他

者を気にかけることも生まれる。それは何も既製の歌だけに限らない。

> **事例6-20**　「コーヒーカップ」
>
> 　「コーヒカップ，コーヒカップ，コーヒカーップ」と，子どもたちが真ん中にいる子どもを囲んでスキップして回る。「かごめかごめ」の変形のように見える。保育者が休憩時に職員室でコーヒーを飲んでいるのを見て，飲みたそうにしていると思った保育者が，「大人の飲物だからね，ちょっとだけよ」と飲ませたことを共有してから，保育者とその数人の子どもで始めたそうだ。

　コーヒーという，普段子どもがあまり口にしない大人の飲物を，保育所という空間で，食べ物を口にする時間ではない時に，数人だけで口にした。ちょっとした秘密の共有を，こうした即席の創作歌とスキップなどの動きで身体表現している。

8．うかがうこと

> **事例6-21**　ちょびひげお丸　10か月児
>
> 　今月のお楽しみ会の当番でマジックが得意な保育者が，黒ぶちメガネと鼻とひげが一体になった小道具を顔につけ，黒の背広で登場（写真6-10）。この園では，「ちょびひげお丸」の名前でみんなに親しまれている。
>
> 　途中入園したばかりのコウは，見慣れない人物のいでたちに泣き出しそうで，担当保育者は抱きかかえたまま，空いているクラスへ。しかし，興味もあるらしく，保育者の肩越しに集会の様子を見ては，また顔をクシャクシャにして保育者の首元に顔を押し付ける。
>
> 　その後，保育者はホールでお楽しみ会の輪に入る。コウはクラスの中からその様子をうかがう。

写真6-10

うかがうことは，関心の表れである。対象・相手を少しずつ探りながらコミュニケーションする。事例6-21のような恐れを感じるものなら，様子を探りながら恐怖心を乗り越えていく体験もしていることであろう。「めっ」と制されて，その時は引いても興味があって，また叱られることを想定し，相手の反応をうかがいながら手を伸ばすこともある。

うかがうということは，自分の関心だけで行動するのではない，対象や相手が自分と相いれないものであることが分かっていて，その反応を見ているわけで，高度な心情の表れである。また，相手の様子をうかがうことで遊べるようにもなる。

9．話し合うこと

事例6-22　鬼からの手紙をめぐって　4・5歳児と3歳児

ある子どもが，窓のところに手紙を見つけた。「やまからいつもみている。2がつ3かにいくぞ」という鬼からの手紙だった。みんなで震え上がって部屋に集まり，どうしたらいいかという話になる。とにかく追い払うべく相談した。戦う，やっつけるという意見。嫌いなもので追い払うという意見。保育者「どうすればやっつけられるの？」，子ども「剣をつくってそれでやればいい」，他児「うん，そうだ」，保育者「新聞紙でつくるあの剣？」，子ども「うん。でもこう…固いやつ」，保育者「どうやって固くするの？」，子ども「ほら，あのー，ガムテープをこうして…（と巻くまね）」，「そうそう」とうなずく子どももいる。

保育者が「鬼って何が嫌いなんだろうね」と言うと，昨年，年長児が中心になってイワシとヒイラギをつるしたことを覚えていて，「お魚と葉っぱ，ぎざぎざの…」の声。また，「モモが嫌いだ」の声も出る。「モモ？　食べるモモ？」，子ども「そうだよー」，保育者「なんで？」，昨年の年長児の担任Y先生が持っていた鬼の図鑑[2)]に書いてあるなどの声も上がり，みんなで，Y先生に後日，持ってきてもらうように頼んだ。

生のモモがないので，代わりにモモの缶詰を買うことになった。節分前日，みんなで買ってきた缶詰を前に保育者が「この缶詰をどうするの」と言うと，子どもからは「（紙でつくっていた）モモに入れる」の声。保育者「入れる？」，

子ども「小さく切って，テープをとってまたする。においがすれば逃げるから…小さくていい」などの声が出て，保育者は言うとおりにする（写真6-11）。

鬼の手紙のことは，隣の3歳児クラスにも伝えていた。3歳児クラスは，相談の結果，鬼と戦うグループと隠れるグループに分かれた。戦うグループはどうしようか相談し，モモハチマキとモモゼッケンをつくって備えた（写真6-12）。モモハチマキは，前日，市内のある保育所に出かけた際，やはり鬼から手紙がきていて，そこの子どもたちがモモのついたハチマキをしていたのを見ていたからであろう。子どもから出たということだ。モモゼッケンは，戦うためにはまず自分の身を守らなくてはということで保育者が提案した。

写真6-11　　　　　写真6-12

5歳児ともなると，1年前のこともよく覚えていて，自分の記憶をたどりながら様々な考えを言葉や動作で表現し，仲間の記憶の表しや保育者の問いかけに触発されたり，自分の考えを確認したりしながらコミュニケーションしている。保育者の方もこの園で5年目になるので，子どもの言おうとすることも想像がつく。その部分を受け止めたり，もう少し確かにしたい部分はわざととぼけて子どもの発言を引き出してみたりしている（下線部）。互いの中にある経験のため込みで，考えを出し合い，また，他者の考えを理解し合いながらコミュニケーションが成立している。

3歳児は，前日の体験がその発想に表れている。ただ，なぜモモなのかなどはよく分からず，鬼を迎え撃つという全体の雰囲気の中にいる。そうしたことがまたため込まれて，次の節分の際に表れる部分もあることであろう。また，園生活には，こうした行事と製作活動が結び付くこともあり，多様な体験をする機会になる。

10. おしはかること

事例6-23 鬼の酒盛り

　節分に鬼がきて，震え上がっていると，「お部屋が大変だよー‼」の声。行ってみると，部屋の窓外に，茶色などで汚した雪の上に，酒びん，ビールの缶，菓子の袋，お椀などが散乱していた。それを見て「ラーメン食べたんだね」と子ども。

　保育者は，酒盛りのイメージでこういう場を出現させた。大きな盃がないので，代わりにお椀を投げておいた。しかし，子どもは店でラーメンを注文すると熱くて食べられないので，冷まして食べるためや小分けする食べやすさからお椀が付いてくる。その経験から，お椀イコールラーメンとなった。自分の経験から，その場の状況をおしはかり，そのことを仲間と確認し合って保育者に伝えている。おしはかるということは，実際，目の前で繰り広げられていないことでも，過去の体験と現状を結び付けて推測し，目の前で繰り広げられているかのように，見たり感じ取ったりすることができるという，高度な認識能力であるといえる。

まとめの課題

1. 網掛け部分a）(p.55)，b）(p.57) を考えてみよう。
2. ［2］1〜10の視点で，子どものコミュニケーションを観察してみよう。子どもと大人のコミュニケーション（ツールを含む）に違いはあるだろうか。

引用文献
1) 津守真：保育の体験と思索，大日本図書，1980，p.146
2) ヒサクニヒコ作・絵：オニの生活図鑑，国土社，1991

第7章 音楽的表現

予習課題
1. 「子どもの音楽的表現」という言葉を聞いて思い浮かぶ単語や，連想される単語を次つぎにマップを広げて書いてみよう。
2. 書き上げたマップを見て気付いたことを，箇条書きにしてみよう。

1. 音楽によるコミュニケーション

　生後2か月ごろから，乳児は機嫌のよい時に喃語を発するようになる。乳児にとっては，喉を使う気持ちよさや自分で出した声を聞く面白さがあるのだろう。飽きずに声を出している様子は，あたかも歌っているかのようである。保育者が声をかけると，じっと口元を見つめてまねするようにしたり，呼びかけに合わせるように声の調子を変えたりする時もある。やがて言葉を発するようになると，大人が歌うのに合わせて部分的に声を出すようになり，2歳前後には簡単な童謡の一部を口ずさむ。メロディーや言葉ははっきりしないが，気持ちは一緒に歌っているのだろう。

　このような声による表現は，まだ言葉を話す前から見られる。もちろん子ども自身はそれを「音楽」として自覚的に捉えてはいないが，声・音などを用いた音楽的な要素を感じさせる表現という意味で，「音楽的表現」といってよいかもしれない。子どもにとって声や音を媒体とした最初の表現であり，他者との関係を築いていく手段である。

　成長とともに，子どもは「音楽」という表現手段を獲得し，友だちや保

育者と歌ったり，楽器を弾いたり踊ったりするようになる。それは生活の中の楽しみであるだけでなく，生きる喜びを与えてくれたり，新しい自分を発見する感動をもたらしたりする。では具体的に，子どもたちは保育所や幼稚園，こども園でどのように音楽と出会い，音楽的な表現を身に付けるのであろうか。様々な事例をもとに，子どもの育ちにとっての音楽的表現の意味や保育者の役割について考えてみたい。

2.「会話」としての音楽

乳児クラスでは，保育者は乳児を寝かせるためにいろいろな工夫をする。一人ひとり安心する眠り方は違うし，お気に入りの子守歌も違う。母親と相談しながら，その子どもに合った方法を模索するしかない。

事例7-1　心地よい音楽　0歳児

アサミは，寝かせるのに苦労する子どもである。担当保育者が抱いてもおぶっても，子守歌をどれだけ歌っても泣きやまない。ある日，レパートリーが尽き果てた保育者はふと，モーツァルトの「トルコ行進曲」を「♪チャラララ ラ，チャラララ」と歌ってみた。すると，ピタッと泣きやんで眠った。

次の日もそうだった。試しにCDで「トルコ行進曲」をかけてみたが，それでは泣きやまない。母親にたずねると，妊娠中も現在も，家でその曲を聞いたことはないと言う。何がアサミの気に入ったのかは分からないが，毎日疲れ果てるまで泣いていたアサミは，この発見のおかげでスムーズに眠りにつくことができた。

「こうすれば赤ちゃんが眠る」という方法が見つかれば，保育者はもちろん，世の親たちはどれだけ楽であろうか。万能の方法がないからこそ，赤ちゃんの反応を見ながらいろいろと工夫をするしかない。事例の保育者はたまたま「トルコ行進曲」で眠ることを発見し，「妊娠中に聞いていたためではないか」などと理由を探そうとする。だが，その理由自体は重要ではないように思われる。曲のリズムなのか旋律なのか，あるいは言葉の響きなのか見当がつかないが，何かがアサミには心地よく感じられたので

ある。それを糸口にして、アサミが拠り所のない不安な世界から、安心できる世界とのつながりがもてたことに意味がある。

この事例では、アサミは受け身の存在のように思われるが、「トルコ行進曲」は、まだ言葉のないアサミと保育者との間のコミュニケーションである。2人が相互に求め合った「会話」といえよう。会話の方法が見つかったことで2人の信頼関係が築かれ、アサミにとって保育所は安心できる場になった。子守唄を歌うことを、単に眠らせる方法ではなく、2人の間の会話と考えるなら保育者にとっても楽しいひとときになる。

3. 身体に訴えるリズムの力

リズムには、私たちの体に最もダイレクトに訴えてくる力がある。私たちの生活の中には様々なリズムがあるが、幼い子どもほどリズム感のある言葉や韻を踏んだ言葉に敏感である。気に入った言葉を繰り返したり、身体の動きをつけたりすることがよくある。また、リズミカルな言葉や行為は、すぐにほかの子どもに伝播する。友だちと一緒にすることで、さらにその面白さが増すようである。

事例7-2　「ハッパハニオイ」　2歳児

夕方の園庭でカオリが箱ブランコに乗ると、帰り支度をしていた5人の2歳児も乗りこんだ。両側に3人ずつかけたブランコを保育者がゆっくり揺すると、カオリが「ハッパハニオイ（♩♪♪♩）」と歌い出した。すると、ほかの子どももまねして歌う。カオリは次に「ハッパハクサイ」と歌った。また、ほかの子もまねし、しばらくの間ブランコの揺れに合わせながら楽しげに「ハッパハクサイ」と唱和した。

カオリは、ブランコが揺れるリズムを身体で感じて、それを表せる音や言葉をとっさに探したのだろう。「ハッパハニオイ」や「クサイ」という言葉に意味はないと思われるが、ブランコの2拍子のリズムにはぴったり合っている。「ハッパ」という強い響きの破裂音は、かけ声のようになっ

てみんなの声を1つにした。身体で感じる揺れのリズムの面白さに,友だちと一緒にいる楽しさや保育者が近くにいて見守ってくれる安心感が加わり,唱和するうれしさを味わったのだろう。

何気ない日常の1コマだが,身体で捉えたリズムを的確に表現していることに感心させられる。リズムを通して協同的な音楽的表現が行われていることも興味深い。2歳児にリズムパターンを唱えさせたり,たたかせたりすることは難しいが,そのような要素的な学習よりも,遊びの中では生き生きとしたリズムの体験が行われていることに目を向けたい。

4.楽しさを共につくる手遊びの魅力

保育者は,活動の区切りや時間の調整をしたい時に,よく手遊びをする。効果はてきめんで,子どもたちも喜ぶのだから一石二鳥である。たしかに「役立つ保育実技」であるが,子どもにとっての面白さはどこにあるのだろうか。

事例7-3 「あれれ?」 4歳児

実習生が,研究保育をしていた時のことである。子どもたちは始まる前からはしゃぎ気味であったが,担任保育者が着席して何も発言しない様子を見ると,一部の男児の態度がエスカレートし,収拾がつかない状態になった。保育室をグルグルと走り回るのをやめる気配がないため,予定どおり行うことはあきらめて,座って待っていた2,3人の女児に手遊びの「竹の子」を始めた。すると,いつのまにか子どもたちが実習生の周りに集まり,走り回っていた男児までもが一緒に手遊びを始めた。指を1本ずつ出して「あれ? あれあれあれ?」と上にあげていくところが面白いのか,笑い声が出ている。赤ちゃん指をするころには全員がそろって手遊びをしており,実習生は「気持ちがすべて自分に向けられていることを感じて鳥肌が立つ思いであった」と言う。

騒然とした保育室の中で,数人の女児と実習生が手遊びに集中している姿に,ほかの子どもが興味をもったのであろう。実習生の動きに合わせているうちに,子どもたち全員の動きが見事にそろっていく。手遊びには,

言葉のリズムや単純な動作によって人を引きつける力があるようだ。小さな動きの波は次第に大きくなり、やがて全体が1つのリズムにそろっていく。その一体感は手遊びの魅力のひとつなのだろう。

また、手遊びには、「いないいないばあ」のように、「期待（緊張）⇒実現（弛緩）」を繰り返す面白さがある。みんなで一緒にするとその「期待」はより高まり、「実現」への微妙な間合いが見事にそろって、緊張がとけた時に笑いが起きる。それは、参加している者による「楽しさ」の創造である。

このように考えると、手遊びのCDや楽譜集は次々に発売されているが、必ずしも新しい手遊びを追う必要はないことが分かる。むしろ何度も同じ手遊びを繰り返すことが面白いのであり、少しタイミングをずらしてみることで、また新しい面白さが生まれる。保育者の過剰なパフォーマンスも不要である。それは保育者に笑わせてもらっているのであり、子どもが受け身になっているともいえるからである。

日々の手遊びをこのような視点で捉え直してみると、子どもと保育者が一緒に楽しさをつくり上げていく、貴重な音楽的表現の機会であることに気付かされる。

5．表現を見せることとその過程を伝えること

「生活発表会」「造形展」など、音楽や絵画製作などの表現活動を保護者や地域の人に見てもらう行事がある。日ごろの生活の様子や子どもの成長を知ってもらうよい機会でもある。子どもにとっても、日常とは違った緊張感を味わいつつハレの日を経験することで、表現への自信や意欲をもつことが期待される。

しかし、いうまでもなく行事そのものは1つの結果であって、保育において大切なのは、そこに至る過程である。歌であれ劇であれ、生活の中でそれにかかわる一人ひとりの「物語」があり、それが絡み合いながらクラスとしての「物語」が生まれる。子どもの表現を見せるということは、パ

フォーマンスを外面的に見せることだけではなく，そうした「物語」を伝えることでもある。

> **事例7-4　手づくりの劇　5歳児**
>
> 　5歳児クラスで「どんぐりのぼうし」という話を子どもたちが気に入り，帽子をつくってみることにした。型に新聞紙を貼り合わせて形をつくり，さらに紙を貼って色を塗るという手間のかかる方法だったが，子どもたちは夢中になって自分の帽子をつくった。保育者はその様子を保護者に知らせ，発表会では帽子をかぶって劇をすることにした。
> 　ところが，すべて手づくりの劇は舞台では何とも地味に見えた。ほかのクラスは不織布やサテン布をふんだんに使った衣装を身に付け，CDに合わせて演じるはなやかな劇やダンスだったため，なおさらである。理解してくれていると思った保護者からは，不満の声が続出した。

　保護者は発表会に何を期待し，何を評価するのだろうか。たしかに，はなやかな衣装や音楽は喜ばれるに違いないが，最終的にはわが子の成長を感じられることで満足するのだろう。しかし，保育の過程を見ていない保護者は，その成長を技術や態度の習得によってはかろうとする。だからこそ保育者は，発表会を通して子どもが様々な物や人と出会い，そのかかわりの中でどのように成長してきたのかを家庭に伝える必要がある。

　事例の保育者は，保育についての考え方は伝えてきたが，一人ひとりの取組みの様子や気持ちは十分に伝えられていなかったのではないかと気付いたと言う。保護者の気持ちを動かすのは保育の理念ではなく，具体的な子どもの姿や言葉であり，育ちである。劇ができるまでの一人ひとりの思いや努力を，機会あるごとに保護者に伝えていけば，保護者は子どもの「物語」を共有することができる。家庭でも劇に関する話題がはずみ，何かの形で協力しようとする保護者も現れるだろう。それは保護者にも，子どもを通して「劇」ができるまでの「物語」がつくられていくということである。発表会は子どもだけでなく，保育者や保護者にとっても新たな成長の機会になるのである。

6．楽しさを支える音楽的な能力の育ち

　クラスで歌ったり，合奏したり，リズム遊びをしたりすることは，集団生活でしか味わえない音楽的表現である。そこで体験した音楽や表現方法は，自分たちがつくり出す音楽表現の「材料」となる。しかし，家庭での音楽体験や音楽的な能力が一人ひとり違う子どもたちが，一緒に楽しむのは容易なことではない。難しさを感じてしまったり，逆に珍しさだけの面白さで終わったりすると，「楽しさ」は続かない。保育者は，子どもの興味や音楽的な能力の育ちに合った教材や指導方法を配慮しながら，その子どもにとっての「楽しさ」を支えていく必要がある。

> **事例7-5**　　ドレミパイプ　5歳児
>
> 　ドレミパイプは，床や机，自分の身体をたたいて音を出す楽器である。昨年，年長児に紹介したところとても喜び，2回目には6人グループに分かれて「ドレミの歌」や「キラキラ星」を演奏することができた。ほとんどの子どもがドレミの意味を理解し，話し合って分担を決める様子が見られた。順番に前で演奏させると，たどたどしいグループもあったものの，ほぼ自分たちで演奏することができ，それぞれに満足した様子がうかがえた。
> 　今年の年長児でも同じようにしてみたのだが，半分以上のグループが保育者の助けなしには演奏できなかった。あまり満足感を得られていないように思われたため，一通り発表が終わったあと，最初にしたように好きなパイプを選ばせ，「どこをたたいたら一番いい音が出るか探してごらん」と言うと，自分の身体や保育室のあちこちをたたいては，音を確かめることに夢中になった。その後，打楽器代わりに「ながぐつマーチ」や「しあわせなら手をたたこう」に合わせてたたかせると，どの子も自信たっぷりに音を出して楽しんでいた。

　保育者は，目の前の子どもの姿をよく見ず，昨年の年長児の姿をなぞるような進め方をしてしまったことを反省した。最初は好きなようにたたかせていたのだが，それは単に次へのステップになってしまい，今，楽しんでいる姿を認めていなかった。昨年の子どもたちの姿が保育者の中で「成功例」として記憶され，それが固定した指導法になっていたのである。

音楽は，時間的秩序によって成り立つ表現である。リズムや旋律など音楽の秩序に気付き，記憶して再現できる能力を身に付けることで音楽の楽しみは広がる。しかし，それには個人差がある上，必要性を感じていない子どももいる。音楽という文化の価値観で見ていると，子どもをより高い段階に引き上げることにとらわれてしまいがちである。その時どきに，子どもが音や音楽にかかわっていることに意味を見出すことができなければ，強制している意識はなくてもそれは価値観の押し付けになる。

　音楽指導のハウツーを身に付けて効率よく音楽をし上げていくことが，保育者の仕事ではない。子どもが楽しいと感じていることを共に味わいながら，楽しさを支えている音楽的な能力の育ちを捉えておきたい。

7．表現を客観的に捉える能力

　子どもは2歳ごろから，よく思いついたままを歌にして表現する。それは描画でいうと「なぐり描き」のようなものであり，他者に向けて何かを伝えようという意識は低い。

　成長とともに，心に思いついたことを歌ったり，気持ちのままに踊ったりする自由奔放さは影をひそめ，状況や相手に合わせた表現を意識するようになる。他者の目を意識できるようになること，文化としての表現活動を知ること，文字や数など情報を伝えるための記号を知ることなど，様々な面の育ちがかかわって，少しずつ自分の表現について客観的な見方ができるようになるのである。

事例7-6　歌をつくる　5歳児

　サキ（6歳）は文字が読めるようになってから，楽譜の存在に気付いた。音符は読めないが，知っている曲が載っているのを見つけると，絵本を読むように楽譜を見ながら歌を口ずさむ。そのうちに，自分でつくった歌の歌詞を書きとめるようになったが，メロディーはその時の思いつきで歌っていた。

　ある日，同じフレーズを何度も「えーと」と考えながら歌っている。どうや

> ら1つのメロディーに落ち着いたらしく，次の日も同じ歌を歌い，その歌詞を紙に書いた。再現できているのは最初の1フレーズだけで，あとはその都度適当に歌うのだが，サキは自作の曲が気に入ったらしく，3，4日の間，歌詞を書いた紙を持ちながら，何度か母親に歌って聞かせた。

わずか3，4小節のフレーズではあるが，何度も繰り返し歌ったところをみると，自分なりに確かなイメージをもってつくったのであろう。2・3歳ごろの独り言のような歌とは，表現意図の自覚の点で大きな違いがある。歌詞だけとはいえ，書きとめることで表現を形として残そうとしたところに注目したい。書きとめておけば，また同じ表現を再現することができる。それはサキにとって，その曲が完結性をもった「作品」として認識されているということである。

自分の表現を対象化できるようになると，表現方法の工夫や技術の習得に関心を向けるようになる。「もっと上手に弾きたい」「もっと面白くしたい」と思うのである。それが，自ら技術指導を求めたり練習したりする態度になる。年長児になると，むしろ少し難しく思えることへの挑戦に喜びを感じることもある。

だからといって，いつも高度な音楽的表現に導くべきだということではない。保育における音楽的表現の価値は，子ども自身が音楽との主体的なかかわりの中で，いかにその子なりに意味を見出したかにある。

8．音楽的表現を通して成長するということ

子どもの発達の早さは個人によって差があり，その個性や生育歴によって異なってくる。しかし，たどる道筋は同じであるといわれる。親しい大人と共に生活する中で，子どもたちは発達する。3歳ころまでは自己中心的なものの見方や考え方をするが，4歳ころからは自己中心的な世界から抜け出し始め，他者の目で自分を見られるようになる。その姿は，子どもたちの遊びの様々な面に現れる。

では，音楽的表現の発達はどのように進むのであろうか。単純に一般化

はできないが，おおまかな目安として理解しておくことは，保育者として計画を立てるためにも，子どもの発達を理解するためにも必要である。

　i　**0歳児**　　生後1～2か月ころから喃語を発し，次第に抑揚がついて，5～6か月ころには歌っているような声を出すこともある。音楽や大人の歌に体で反応するようになり，あやし言葉や簡単なわらべ歌を喜ぶ（大人とのかかわりの中で声を出すことを喜ぶころ）。

　ii　**1歳児**　　保育者の歌に合わせて部分的に声を出したり，気に入ったフレーズを繰り返したりする。1歳後半になると，手遊びの動きをまねようとしたり，リズミカルな音楽に合わせて体を動かしたりすることを喜ぶ（声や言葉だけでなく，指や身体を用いて大人とのかかわりを楽しむころ）。

　iii　**2歳児**　　旋律や歌詞は正確ではない場合が多いが，簡単な童謡を歌う。思いついたことを即興的に歌う姿も見られる。簡単な手遊びやリズム遊びを保育者と楽しむようになり，リズム楽器を鳴らすことも喜ぶ（親しい大人との関係の中で，音楽的なことを楽しむころ）。

　iv　**3歳児**　　簡単な曲であれば，歌詞を覚えて最初から最後まで歌うことができる。友だちと一緒に歌うことを楽しむようになるが，リズムや音程を正確に合わせることは難しい。音楽の拍に合わせて歩いたり，リズム楽器を鳴らしたりすることができる（自分なりに歌ったり，動いたりすることを楽しむ自己中心的なころ）。

　v　**4歳児**　　童謡などをある程度正確な旋律やリズムで歌えるようになり，保育者のピアノや友だちの歌に合わせて歌うことにも慣れてくる。歌いながら楽器を鳴らしたり，簡単なリズムパターンを打ったりすることができるようになり，振りを覚えて踊ることもできる（他者の声や歌に関心を示す。自己中心的な世界から抜け始めるころ）。

　vi　**5歳児**　　声域が広がり，リズムや音程を正確に歌える子どもも現れる。2番，3番のある曲でも歌詞を覚えて歌い，保育者の指導によって歌詞の意味や曲の特徴を捉えた歌い方ができる子どももいる。リズム楽器の扱いに慣れ，簡単なリズム打ちや分担奏ができる（自分の表現を意識すると同時に，他者の表現にも関心を示し，合わせようとするころ）。

以上のように整理してみると，音楽的な表現の育ちは社会性（とくに親しい大人との関係）や知的な育ちとも関連していることが分かる。リズムや音程の正しさなどの外から見て分かる姿は発達の一面であり，事例7-1～6で見てきたように，その声や音，歌などが子どもにとってどういう意味をもっているかを理解することが大切である。

　例えば，子どもが1つの楽器の音を，何度も繰り返し出していることがある。傍目には同じことを続けているようにしか見えなくても，内面では「音との対話」ともいうべき集中度の高い営みが行われているかもしれない。やがて納得のできる音を見つけた時，子どもが満足した表情を浮かべて楽器を置くだろう。その時，子どもにとってその音は，単なる音ではなく，大げさにいえば新しい世界との出会いである。

　このように，音や音楽，またそれを媒体とするものや人とのかかわりの中に，新たな価値を見出していくことに，音楽的表現を通した成長があるのではないだろうか。古い自分を越えて，新しい自分に出会うことといってもよい。

 まとめの課題

1. 幼いころの記憶や実習で体験したことの中から，事例7-1～6とよく似た出来事や関連する出来事などを事例としてまとめよう。
2. 作成した事例について，表現としての意味を考察し，グループで発表しよう。
3. 事例7-5を参考に，楽器を用いた活動を摸擬保育として行ってみよう。その感想を話し合い，子どもはどのように音やリズムを理解するのか，また保育者はどのような配慮するべきなのかを考えてみよう。

参考文献
・津守真：子どもの世界をどうみるか，日本放送出版協会，1987
・佐伯胖・藤田英典・佐藤学編：表現者として育つ，東京大学出版会，1995
・日本赤ちゃん学協会編：運動・遊び・音楽，中央法規，2017
・西坂小百合：わかりやすい子どもの発達と保育のコツ，ナツメ社，2016
・井口太編：最新・幼児の音楽教育，朝日出版社，2018

第8章 造形的表現

📖 予習課題

1. 「子どもの造形的表現」という言葉を聞いて思い浮かぶ単語や，連想される単語を次つぎにマップを広げて書いてみよう。
2. 書き上げたマップを見て気付いたことを，箇条書きにしてみよう。

1. 子どもが様々な素材に触れること

　子どもは，自分を取り巻く環境に興味や好奇心をもって積極的にかかわっていく中で，自らの諸感覚を十分に働かせながら様々な外界の刺激を感じ取っていく。ある時は不思議さや面白さ，ある時は美しさや優しさ等に気付き，心を豊かに揺れ動かしていく。子どもはそのような心の動きを様々な表現を通して表出しようとするが，その中のひとつに「様々な素材を仲立ちにして表現を楽しむ姿」がある。

　保育所保育指針では，まず乳児期における「身近な生活用具，玩具や絵本などが用意された中で，身の回りのものに対する興味や好奇心をもつ経験」の重要性を述べている。また，それを受け1歳以上3歳未満児の時期においては，「水，砂，土，紙，粘土など様々な素材に触れて楽しむ経験」を通して身近な環境とのかかわりを広げていく中で，諸感覚をさらに働かせながら遊びを楽しんでいけるように，遊び環境の中に積極的に素材を用意していくことの重要性を説明している。なぜなら，1つでも多くの素材に触れることは，子どもを取り巻く外界を知る上で大切な手段となり，

様々な素材に触れながら全身でその感触を十分に楽しみ，諸感覚を働かせることが，子どもの感性を育むことにつながっていくからである。その経験が土台となり，3歳児以上の「いろいろな素材に親しみ，工夫して遊ぶ姿」へと発展していくのである。

様々な素材を用いた代表的な遊びのひとつに造形遊びがある。ともすると，保育者自ら設定したテーマに沿って子どもが立派に作品を仕上げる姿をイメージしがちであるが，実は完成するまでの過程にこそ意味がある。なぜかというと，様々な素材を見立てたり，組み合わせたりしながら，自分なりの素材の使い方を見つけて自由に表現を楽しむことこそ，創造的な活動の源泉といえるからである。

そこで，本章では，「2歳児における紙や廃材遊び」と「幼児におけるアトリエでのケーキづくり（粘土遊び）」の事例を紹介しながら，造形的表現のもつ魅力や可能性について考えていきたい。

2．発見や心が動く経験を通して，子どものイメージや感性が豊かに育つこと～2歳児の廃材を使った造形遊びを通して～

保育者による受容的で応答的なかかわりの中で，0・1歳児のやりたがり屋の時期を十分に楽しむことができた2歳児は，自らに育まれてきた自己肯定感や自己実現力を土台にしながら，たくましさを発揮し始める。身近な幼児の遊ぶ姿にたくさんの刺激を受けながら，「自分も○○してみたい！」と様々なことに挑戦する力強い姿を見せ始める。というのは，身近な幼児が自らテーマをもって様々な素材や道具を自由自在に使いながら表現している姿は，2歳児にとって正に魅力あふれる生きるモデルに違いないからである。

ここでは子どもたちにとって最も身近な素材のひとつである様々な紙や廃材に注目し，2歳児がそれらの素材との出会いに心を動かしながらイメージを膨らませ，自ら感性を育んでいく姿を紹介する。また，そうした子

ども一人ひとりの豊かな心の動きをていねいに保障していくために，子育てのパートナーである保護者と保育者との間でどのような連携が大切になってくるのか，その取り組みについても紹介していきたい。

（1）様々な素材との出会い

事例8-1　こだわりをもって表現を楽しむ姿　4月下旬〜

　4月の中旬が過ぎたころ，日々散歩を楽しむ中で子どもたちはこいのぼりに強い関心をもち始め，「こいのぼり，かわいい」「こいのぼり，かざりたい」等とつぶやくようになる。その姿に興味をもった保育者Sは，室内の遊び環境に新たに「こいのぼりづくりコーナー」を用意してみる。すると子どもたちは，進級して初めて手にした個人持ちのクレヨンを使いながら，保育者の用意したこいのぼりの形をした色画用紙に，色とりどりにクルクルと丸を描いたり，何色も色を重ねて描いてみたり，白いクレヨンで「これは風だよ！」とイメージを膨らませてみたり，自由に表現を楽しみ始める。

　そこで翌日，今度は新たな素材との出会いとして，保育者Sがのりでこいのぼりの目を貼りつける環境を設けてみる。すると，「冷たい」「べたべたする」等，子どもたちは驚いたり，喜んだりしながら，「もっとのりやりたい！」とのりづけを楽しみ続ける（写真8-1）。

　子どもたちがのりそのものの感触を楽しんでいる姿を目の当たりにした保育者Sは，のりを存分に楽しめるようにと，こいのぼりづくりコーナーを「素材遊びコーナー」へと変更し，様々な形に切った折り紙や画用紙を用意する。すると，瞬く間に数人の女の子たちが集まって遊び始める。

　R子は，「ペタペタ楽しみたい！」と誰よりも多くの折り紙を画用紙いっぱいに貼り続ける。H子は，細長い折り紙にのりをつけて画用紙に貼っていくが，途中から「折り紙がしわしわになっちゃう」と言い始める。次には，両手の親指を垂直に立てながら，画用紙に貼った折り紙の両端を外側にゆっくりと引っ張る（写真8-2）。S子は，細長い折り紙の真ん中にのりをつけ，その両端を両手で持ちながら画用紙に貼ろうとする。すると突然細長い画用紙が真ん中から真っ二つに裂け，その瞬間S子は「ちぎれた！」と大きな声で叫んで驚く（写真8-3）。M子は，細長い折り紙にのりを塗って，何枚も画用紙に貼りつけていくが，突然両手をたたき始め，「クリームみたい！」「たっぷり！」と大きな声で叫びながら喜んでいる（写真8-4）。

2. 発見や心が動く経験を通して，子どものイメージや感性が豊かに育つこと　　89

写真8-1

写真8-2

写真8-3

写真8-4

　この園では，毎日の午前中の園外での活動を大切にしている。なぜなら，都市部の駅近の園であるため，園庭がないからである。しかしその分，天候にかかわらず積極的に園外に出かけ，地域の人々との出会いや地域資源を積極的に活用しているところに特徴がある。この日もいつものように子どもたちが散歩を楽しんでいると，一軒の家の庭先で元気に泳ぐこいのぼりの様子を目にし，各々がつぶやいた素直な気持ちを，保育者Sが聞き逃さず大切にしていることが分かる。子どもの心が動くきっかけは，身の回りのいたるところに存在している。大切なことは，保育者Sが子どものつぶやきをきっかけに，室内の遊び環境をさらに魅力的にデザインしていこうと子どもたちの心を動かす姿にある。

　何より面白いのが，保育者Sが新たにこいのぼりづくりコーナーを設けたことで，初めて手にした個人持ちのクレヨンをさっそく持ち出してこいのぼりを装飾し始める子どもたちの姿である。本当にうれしかったのだろう，その思い思いに楽しむ姿からは，自分が独占できるクレヨンで，だれ

に邪魔されることなく自由に表現できる喜びを堪能している様子が伝わってくる。その姿を受け，保育者Sはもっと造形遊びを楽しんでもらいたいと，新たな素材「のり」との出会いを用意する。この子どもの心の動きと連動したタイムリーな環境デザインがあるからこそ，子どもたちの造形遊びへの興味・関心は無限に広がっていくと感じる。

　そうした子どもたちの好きな遊びを思う存分楽しむ中で見えてくるのが，子ども一人ひとりの「こだわり」である。ペタペタしたいR子からは様々なものがのりでくっつく面白さを存分に堪能する姿，水のりは紙をしわしわにする性質があることに気付いたH子の両親指を垂直に立て折り紙の両側を慎重に引っ張りながらきれいに折り紙にしわがよらないように試行錯誤する姿，物をくっつけてくれるはずののりが逆に紙を真っ二つに裂いてしまったことを純粋に驚き喜ぶS子の姿，のりのベタベタ感を嫌がるどころか手を潤すクリームにそっくりだとその感触に感動し両手をたたいて喜ぶM子の姿等，それぞれがこだわりを楽しむ中で，諸感覚を研ぎ澄まし，のりの特性を実感しながら見事に感性も磨いていく姿に驚かされる。

事例8-2　偶然が生み出す発見を楽しむ姿　7月中旬

　いつものように子どもたちが造形遊びを楽しんでいると，突然クラスにやってきた年長児のO子が，折り紙を蛇腹に折ってリボンを完成させる。O子がセロハンテープを使い，蛇腹の真ん中をとめる姿を初めて見た子どもたちは，次々に「セロハンテープ使いたい」と言い始める。そこで翌日，保育者Sは造形遊びコーナーに「セロハンテープ」を準備する。すると，さっそくN子がセロハンテープを自分の力で切ってみるが，なかなか上手くいかない。それどころか，やっと切ることができたセロハンテープが手のひらの上でくっつき丸まってしまう様子をじっと眺めている（写真8-5）。しばらくして，保育者Sがセロハンテープの切り方のコツを伝えてみると，「こうやって切るの？」「ここを持つんだよね！」と，子どもたちは何度も切ることを楽しんでいる。

　数日後，子どもたちがテープを使うことにも慣れてきた姿を目にした保育者Sは，もっとセロハンテープを使って貼ることを楽しめるように，毛糸を用意してみる。すると，たった1本の短い毛糸を画用紙に貼りつけるために十数枚もセロハンテープを貼り続けるA男。R子は，「フワフワだね！」と手で毛糸

の感触を楽しんだり，画用紙に切った毛糸の真ん中をセロハンテープで貼りつけ「ゆらゆら揺れる♪」と毛糸が動くことに驚いたりしている（写真8-6）。また，廃材遊びに興味をもっていたN子は，長細い菓子箱の上にトイレットペーパーの芯を2本並べて，倒れないようにセロハンテープで固定している。箱を何気なくひっくり返した瞬間，テーブルの上で立った様子を見て，「立った？！」と大きな声をあげ，保育者Sに笑顔を見せる（写真8-7）。

写真8-5

写真8-6

写真8-7

　何より面白いのが，自分の手のひらの上でなぜか丸まってしまうセロハンテープをじっと見つめるN子の姿である。その様子からは，物をとめたり貼ったりするはずのテープが自らくっついて丸まってしまうことへの不思議さや驚きを実感している様子が伝わってくる。また，A男のたった1本の毛糸をとめるために「これでもか」と納得がいくまでセロハンテープを貼り続ける姿は，大人からすればもったいないことをしているようにも見えてしまう。しかし，大人にとって他愛もない，むしろうまくいっていないように見える過程1つひとつが，子どもにとっては新たな気付きや発見との大切な出会いの連続であることが分かる。

　また，偶然毛糸の真ん中をセロハンテープでとめてみたR子も，すごい発見をする。画用紙を揺らすと，なんと毛糸が動くのだ。この偶然の発見は，R子にとって衝撃的な新たな表現との出会いであったことだろう。トイレットペーパーの芯を立てたいと思っていたN子にとって，箱をひっくり返したことで芯を足にして立てられることを偶然発見してしまったことは，また新たな表現方法を獲得した貴重な瞬間といえる。

　表現は，決して見通しや目的があってのみ行われるものではない。素材との様々なかかわりを深めていく過程においても新たな表現との出会いが生まれ，自らのイメージの世界が広がるきっかけになっている。

事例8-3　大好きだからこそ思い切り表現を楽しむ姿　11月

　11月になり，保育者Sはさらに子どもたちが新たな素材と出会えるように，様々なものを用意した「造形遊びコーナー」をデザインする（写真8-8）。H子は，用意されたたくさんの素材の中からフワフワした白いモールを見つけると，それを足に見立て，さらにピンクのリボンをつけてかわいいクラゲをつくる（写真8-9）。その姿を見ていた保育者Sは，夏の海遊びで子どもたちが魚に興味をもっていたことを思い出し，お帰りの会で久々に水族館に行くことを提案する。

　見学の翌日，保育者は，造形遊びコーナーの一角に，切り開いたブルーのポリ袋を海に見立て壁面に掲示する。すると子どもたちが集まり，水族館見学の楽しかったことを友だちとうれしそうに伝え合いながら，自分の好きな魚をつくり始める。トイレットペーパーの芯を利用したタコ，何色ものモールを足に見立ててつくったカラフルなクラゲ，紙皿を半分に切ってストローで足を表現したカニ，たくさんの折り紙をつなげてつくった様々な色の魚たち等。数日後，子どもたちがつくった魚で海はあっという間にいっぱいになってしまう（写真8-10）。

写真8-8

写真8-9

写真8-10

　何より驚かされるのは，2歳児の表現力の豊かさと活力である。そこで注目したいことが2つある。1つは，子どもたちが今までに造形遊びを通して様々な素材と出会い，その特性を知り，表現の中で見事に生かしている姿である。ともすれば，モール等の素材は高価なもの，幼児になって初

めて使うものといった大人の一方的な価値観から，なかなか2歳児では触れない素材かもしれない。しかし，保育者Sの様々な素材に触れさせてあげたいという思いが，子どもたちの好奇心をかき立て，その素材の特性を生かしながら取り入れ，自分のイメージの世界を見事に創造していくたくましい姿を引き出している。もう1つは，クラゲをつくるH子の姿から子どもたちの夏の姿を思い出し，タイミングよく水族館へ行くことを提案できる保育者Sの行動力である。きっと水族館では各々に興味のある魚たちに触れ，じっくり観察したり，新たな発見を楽しんだりしたことだろう。

しかし，面白いことは，気に入った魚を写実的に表現するというよりは，自分のオリジナルの魚の世界を発展させていく材料に使っているところである。黄色の体に色とりどりの足のついたカラフルなクラゲなどは水族館には存在するはずもないが，「こんなクラゲがいたらいいな」と，水槽の中でライトがあたって虹色に光り輝くクラゲをイメージして表現したのかもしれない（写真8-11）。子どもたちは，身の回りの様々な素材と出会い，それらの特性や面白い表現方法を獲得しながら，タイムリーな本物との出会いを経験する中で，その子どもならではの表現が爆発的に豊かになり，自分なりのイメージの世界で遊びこむ姿を育てていくことが見えてくる。

写真8-11

（2）子どもの「伝えたい」「分かってもらいたい」を支えるために

2歳児の造形遊びを通して分かることは，子どもが心を動かし，「伝えたい」「分かってもらいたい」と周囲に発信する思いや願いをていねいに汲み取り，実現できるような環境をタイムリーにデザインしていく保育者の存在である。いい換えれば，一緒に自分の思いや願いを叶えてくれる「パートナー」としての保育者の存在が大切なのである。もう1つ大切なことは，保育者がこの各々の子どもの思いや願いを保護者に発信し，それ

らを共有できるパートナーになることである。では，具体的にどのような発信方法があるのだろうか。

①デジタルフォトフレームを使って，子どもの写真を毎日タイムリーに紹介する。
②ドキュメンテーション（壁面掲示・ファイル・アルバム）を作成・配置する。
③子ども一人ひとりの成長記録を作成し，掲示・配布する。
④子ども一人ひとりのポートフォリオを作成・設置する。

どの発信方法もとても効果的であるが，まずはできるところから挑戦することが大切であり，慣れてきたら組み合わせながら取り入れていくとさらに効果的になる。

3．子どもが自分らしい様々な表現を存分に楽しむこと
　～幼児のアトリエでのケーキづくり（粘土遊び）を通して～

　子どもたちは，身の回りの様々な魅力的な環境とかかわる中で，美しいものや優れたもの等と出会い，わくわくしたりドキドキしたりしながら得た感動を友だちや保育者と共有したり，自分なりの表現で周囲に発信しようとしたりする。その際に大切なのが，自分の思いをそのまま受け止めてもらえる他者との安心・安定した関係性である。とくに幼児であれば，身近なクラス担任だけにとどまらず，気の合う仲間にも自らの思いを受け止めてもらえる経験が，さらに周囲に「伝えたい」「分かってもらいたい」という姿を培っていくからである。

　そこでここでは，3歳児クラスのY子が，アトリエ（写真8-12）での大好きな造形遊びを通して，自分らしい表現をとことん楽しむ姿や様々な仲間との関係性を豊かに広げていく姿を紹介

写真8-12

3. 子どもが自分らしい様々な表現を存分に楽しむこと　95

する。また一方で，Y子を中心に子どもたちが自分らしい表現を楽しめる環境づくりに保育者がどのように挑戦していったかを紹介し，造形遊びにおける環境デザインの重要性について一緒に考えてみたい。

事例8-4　大好きな遊びとの出会い　4月上旬

　3歳児クラスのY子は幼児クラスに進級し，新たな環境や生活習慣の中，なかなか自分の居場所を得られずにいた。そこで，保育者Mは，造形遊びが大好きなY子が自由に造形的表現を楽しめる空間として，アトリエを活用し始める。すると，Y子は定期的にアトリエに足を運ぶようになり，様々な素材から粘土を選ぶと，ケーキづくりに夢中になる。Y子がつくるケーキは，形や色等細部に至るまでていねいな表現が施され，ビーズや乾燥ポプリ等もトッピングしていく（写真8-13）。また別日に，保育者MとY子で地域のケーキ屋さんに見学に出かけ（写真8-14），様々なケーキをじっくり観察して園に帰ると，すぐに画用紙にケーキのデザインを描き始め，「こんなケーキがつくりたい！」とつぶやいた。Y子は，保育者Mがアトリエの環境に新たに用意した絵具を使いながら，オリジナルのケーキづくりを楽しみ始める。また，ケーキ以外にもクッキーやマカロン等，様々なスイーツをつくるようになっていった。

　そんなY子のつくったケーキやクッキー等に興味をもった年長児が自然と集まり始め，アトリエでのケーキづくりが盛り上がり始める。様々な種類のケーキが完成すると，Y子はアトリエの隣にある「暗いアトリエ」につくったケーキを運び，テーブルに並べて誕生日会ごっこを始める。はじめは保育者と2人きりで楽しんでいたが，Y子が年長児を誕生日会ごっこに誘ってみると，新たに加わった年長児が暗いアトリエの中を飾り付け始め，Y子と年長児が一緒になって本格的な誕生日会ごっこが始まる（写真8-15）。

写真8-13

写真8-14

写真8-15

ここで何より注目したいことは，今までなかなか自分の居場所を見つけられなかったY子が，大好きな造形遊びを大いに楽しめる場（アトリエ）と出会ったことによって，周囲との関係性も豊かになり始め，自分らしく生きる喜びを十分に獲得していく姿である。Y子はケーキづくりを通して，粘土で表現することに次のような魅力や可能性を感じ，自分らしい造形的表現を堪能していたのではないだろうか。

①イメージに合わせ，紙粘土の大きさや形を自由自在に変えられる。
②つくった部品を重ねたり，のせたり，くっつけたりしながら自由にデザインできる。
③色を塗ったり，他の素材を付けたりしながら自由に装飾できる。

自分のイメージに合わせて自由に使いこなせる素材ほど魅力的なものはない。Y子の細部にまでこだわるていねいな造形的表現に着目した保育者Mが，Y子と地域の本物のケーキ屋さんとの出会いをコーディネートしたことで，自らつくりたいケーキをデザインする姿が引き出される等，その後のY子の中で自分らしいケーキのイメージが爆発的に広がるきっかけをつくっていることにも注目したい。

また，当初はケーキづくりを楽しんでいたY子であったが，自分のつくったケーキが増えていくにつれ，それらを使って遊ぶ姿にもつながっていく。子どもにとって最もうれしいイベントである誕生日会とケーキづくりが結び付き，自らつくったものを活用して自分らしい誕生日会の世界をイメージしながら遊ぶ姿は，他の子どもたちにとっても魅力的な姿に映る。異年齢での対話が生まれていくことによって，さらに造形遊びの広がりと深まりが期待される出会いとなっていく。

事例8-5　本物そっくりにつくりたい　4月中旬

　Y子の楽しむケーキづくりに魅了された年長児がケーキづくりに毎日参加するようになり，「本物そっくりにつくりたい」「おいしそうなケーキにしたい」等のつぶやきが多く聞かれるようになる。そこで保育者Mは，子どもたちがつくったケーキを飾れるような棚や容器を用意すると同時に，子どもたちがつく

> りたいケーキのイメージに近いと感じた様々なケーキの写真も室内に掲示し始める。また，本格的なケーキづくりのレシピ本やクッキーづくりに使用する型抜き等も用意してみる。すると翌日，今までアトリエの遊びに興味を示さなかった年中児も，ケーキづくりに興味をもち，一緒に参加し始める。

こうした一連のタイムリーな環境デザインを通して伝わってくることは，子どもたちの本物そっくりにつくりたいという思いに応えようと，「子どもが思わずやりたくなる」「子どもが思わず手に取ってみたくなる」ような魅力的な環境を創造していく保育者Mの熱い思いである。その保育の姿勢は，まさに「子どもと共に生きることを楽しむパートナー」といえる。では，具体的にはどのような援助が行われ，どのような効果につながっているのだろうか。

①子どもたちのつくったケーキを飾れる棚や容器を用意することで，より本物のお店をイメージしてケーキづくりを楽しめることに加え，他の子どもがつくったケーキを見て楽しんだり参考にしたりすることもできる（写真8-16）。

写真8-16

②様々なケーキの写真を掲示したり，用意したレシピ本を自由に開いたりできることで，今まで知らなかったケーキと出会ったり，ケーキづくりのヒントにしたり，本物のケーキのつくり方を知ったりするきっかけになる（写真8-17）。

③型抜き等の本物の調理器具を用意することで，今まで手作業だけでは難しかった表現を獲得したり，本物そっくりに表現したりする経

写真8-17

験や喜び等を味わうことができる。

以上のように，遊び環境の中に魅力や可能性が豊かに存在すればするほど，子どもたちの中で新たな心の動きが引き出されていくことが理解できる。

> **事例8-6　Y子の誕生日ケーキ　4月下旬**
>
> 　日々，粘土でケーキづくりを楽しんでいるY子の中に，次第に「本物のケーキがつくりたい」という思いが生まれ，「食べられるケーキがつくってみたい」とつぶやくようになる。すると，Y子の誕生日が近いことを知った年長児が，Y子のために誕生日ケーキをつくってあげたいと提案してくれる。そこで，ケーキをつくりたい子ども5人（年長児3人，年少児2人）とY子で，さっそくケーキづくりの準備に取りかかる。子どもたちでどんなケーキに仕上げるのかを相談していると，「フルーツがたくさんのっているケーキ」「チョコレートの味がするケーキ」等の意見が出され，買い物も自分たちでしてみることになる（写真8-18）。
>
> 　Y子の誕生日当日は，チョコレートの味のするスポンジケーキをみんなでつくり，それぞれが自分の好きなフルーツを色とりどりにトッピングして本物のケーキを完成させる。でき上がったケーキは，つくった6人だけではなくクラスの友だち全員にふるまい，Y子だけではなく4月生まれの友だちみんなの誕生日ケーキとなる。

写真8-18

　ここで注目したいことは，Y子の「本物のケーキがつくりたい」というつぶやきで，遊びの質の転換が起きたことである。いい換えれば，「食べられないケーキづくり」から，「食べられるケーキづくり」へと遊びが発展したのである。食べられるケーキづくりは，そもそも食育や料理と結び付けられやすいが，今までの食べられない素材から，食べられる素材（食材）に変わったと考えれば，子どもにとっては新たに食べられる素材で挑戦する造形的表現と考えることができる。また，ケーキの生地をつくるための素材に加え，「フルーツがたくさんのっているケーキ」がいいといっ

たリクエストから，子どもたちは，ミカン・ブドウ・イチゴ等色鮮やかな果物も自ら選び，買い出ししてくる。子どもが何より楽しみにしていたのは，焼き上がったスポンジケーキにクリームを塗ったあとに，自分の食べたいフルーツをどのようにトッピングするかである。「フルーツをパーツに見立て，動物を表現する子」「表面の周囲をイチゴで囲ってから，真ん中を色とりどりのフルーツで埋め尽くしていく子」「とにかく隙間なくフルーツを埋め尽くす子」等，ケーキのトッピング1つにしても，各々の表現のこだわりがあふれていた。

このような子どもたちの姿からは，造形遊びによく使われる「紙・粘土・絵具等」といったものだけが表現素材ではなく，身の回りのすべてのものが表現素材と捉えることができる（写真8-19）。

写真8-19

まとめの課題

1. 自分の子どものころを振り返り，造形遊びの中でどのような素材との出会いがあったか整理してみよう。また，本当は触ってみたかったのに触れなかった素材や，その触れなかった理由，そして保育者がどのような配慮をすればそれらの素材も子どもに触らせてあげることができるのかも考えてみよう。
2. 保育園の0～2歳児クラスにおける造形遊びの現状をふまえ，その課題や改善点について整理してみよう。
3. 自分が子どものころに経験した代表的な造形遊びを1つ取り上げ，子どもが思わず「やりたくなったり，続けたくなったりするような環境デザイン」のあり方について，友だちとアイデアを出し合いまとめてみよう。

第9章 ごっこ遊び・劇的表現

📖 予習課題

1. 幼稚園・保育所等で子どものごっこ遊び（ままごと，レストランごっこ，ショーごっこ等）を観察し，記録してみよう。
2. その中で次のことを考えてみよう。
   ・子どもが楽しんでいることは何だろう。
   ・子どもの楽しさを生み出している要因は何だろう。

1. ごっこ遊び

　子どもが夢中になって繰り返す遊びのひとつに，ごっこ遊びがある。身の回りにあるものを，「別の何か」に見立てる。自分自身を変身させて，「別の存在」になりきる。時間も空間も思いのままに見立てながら，「～のつもり」という虚構の世界をつくり出していく。その中で，心も身体も自由に解放して，動いたり，言葉をつぶやいたり，描いたり，つくったりしながら，ごっこの世界を表現していく姿は，実に伸びやかで豊かである。

　ごっこ遊びのテーマは，生活の中から多様に生まれてくる。まず，ままごとに代表されるような，料理やペットの世話など日常の家庭生活から出てくるものがある。レストランごっこや温泉ごっこなど，社会生活を通して自分が体験したことの再現もある。キャラクターやアニメの世界を模倣したり，絵本や物語をなぞって空想の世界を楽しんだりもする。繰り返されるごっこ遊びの魅力と，それを支える環境について考えていきたい。

（1）憧れの存在になりきって動く

> **事例9-1**　「火事です！」　3歳児　5月
>
> 　広告紙を丸めた棒を手に持ったマサヤが，ツリーハウスに向かって行く。「大変です。火事です！」と叫びながら，広告紙の棒を消防車のホースに見立てて向けている。保育者は「それは大変。火を消してください」と調子を合わせつつ，火のイメージとなるように赤いビニール袋をツリーハウスに貼る。赤色に刺激されたマサヤは，さらに勢いよく「シューシュー」と言いながら，水をかけるまねを繰り返す。間合いをおきながら，保育者は赤いビニール袋をたたみ，少しずつ火を小さくしていく。「火が消えて，よかったね」と言うと，マサヤは「うん」と誇らしそうに答える。
> 　マサヤは消防士の動きが気に入り，何度もこの遊びを繰り返す。そのため，1日に何度も火事が起こり，それが連日，繰り返されていた。

　マサヤが「火事だ」と言うことで，火事のまねがいつでも再現でき，繰り返せることが楽しい。「火事だ→大変だ→消防士が火を消す→みんなが喜ぶ」という，分かりやすいエピソードを喜んでいる。マサヤの家は消防署の並びにあり，身近な憧れの消防士になることに夢中なのだろう。

　この楽しさを支えているのは，マサヤのつぶやきを受け止める保育者である。「火事だ」に共感する保育者にマサヤは信頼を寄せ，受け止めてもらえる喜びから，さらに自信をもって自分の思いを表現している。子どもによっては，つぶやくことなく黙々と遊んでいる場合もあり，一人ひとりがどのような思いで遊んでいるのか，表現しようとしていることを読み取る保育者のまなざしが重要となる。

　また，もののもつ意味の大きさも感じる。広告紙の棒が保育者により用意されていて，棒1本を手に持つことで消火ホースに見立てられる。それは別の場面ではピストルになり，剣になり，釣ざおや新体操の手具にもなる。赤いビニール袋も，火事のイメージをさらに高めるものとなった。

（2）友だちと絵本の世界を共有しながら自分のイメージで動く

> **事例9-2**　てぶくろの家ごっこ　4歳児　11月
>
> 　ミキとユナは，ウサギになって遊ぶ。集合時に絵本『てぶくろ』[1)]を読んだ直後であり，てぶくろの家をつくろうということになる。段ボールを切ったり色を塗ったりしながら，「寒いからちょうどいいね」「のっそりぐま[*1]がくるかも！」と，思ったことを言い合っている。
> 　2人が楽しそうに，家をつくる様子を見て，仲間に入る子どもも増えた。てぶくろの家ができると中に入り，ご飯をつくる，ウサギの学校に行く，買い物に行くなど，自分のイメージを広げ，それぞれの動きを楽しんだ（写真9-1）。
>
>
> 写真9-1

　てぶくろの家という遊びの象徴をつくることで，絵本の世界で味わった，寒い森や登場していた動物たちのイメージが頭の中に広がっていることが会話から分かる。絵本の世界を自分たちで再現していることが楽しい。大きなてぶくろをつくるという作業を共にすることで，その場で遊ぶ子どもたちの気持ちが1つになっていく。こうした遊びの象徴となる場は，ごっこ遊びの拠点として重要である。自分たちでつくった場の中に身をおくことで，友だちと一緒に遊んでいるという気持ちになれる。

　それぞれの子どもが動物になって，てぶくろの家に住む，という大きなイメージは共有しながらも，その中で，それぞれの子どもが自分の思いを出して自由に動くことができるのも，遊びの楽しさとなっていた。保育者が大きな段ボールを用意し，遊びの場をつくれるよう援助したことが，友だちと一緒に遊ぶ空間で自分の動きを表現する楽しさを支えていた。

　保育者がクラス活動で取り上げる絵本や物語，誕生会や遠足などの行事

＊1　『てぶくろ』の中に，「のっそりぐま」が登場する。

は，子どもたちにとっての共通体験となる。このような共通体験は，友だちと同じイメージをもつきっかけとなるので，良質の教材を用意したい。

（3）友だちと協同してイメージの世界を実現する

> **事例9-3**　ジュラシックパークごっこ　5歳児　1月
>
> 　恐竜ごっこや，恐竜づくりを楽しんできたユウタたち5人は，今度は恐竜の出てくる遊園地をつくろうとしている。「本当に動く車に乗って，森の中を進んで行くの」「そこでさ，恐竜が襲ってくるのは？」「だったら，恐竜をやっつけるピストルがあって，撃ったら恐竜が逃げることにしようよ」など，互いの考えを出し合って，遊び方や必要なものづくりの相談をする。要求された大きな紙を保育者が出すと，森を描きながら，「本当の葉っぱも拾ってきて，天井からつるそう」「車は，ジープだよね」と，次々にイメージを出し合う。ジープの窓の開け方や窓の位置でけんかになることもあったが，数日かけて考えたものをつくりあげると，自分たちで順番に乗ってそれを動かして遊んだ。
>
> 　友だちや年少児を客として呼ぶことにすると，ジープを押す役や，恐竜になる役，案内役など，分担してジュラシックパークごっこを楽しんでいた（写真9-2，3）。
>
>
>
> 　　　　写真9-2　　　　　　　　　写真9-3

　5歳児になると，テーマのあるごっこ遊びが継続し，仲間と同じ目的に向けて試行錯誤するようになる。ユウタたちの場合は，恐竜に対する興味や関心が高く，自分たちが恐竜になって動くことや，空き箱を使って恐竜をつくることなど，何度も同じテーマでの遊びを繰り返して，経験を重ねてきている。次第に本物のように再現したいという思いも強くなるので，簡単に見立てて遊ぶことでは満足しない。これまでの経験から，ふさわし

い材料や用具をそろえて,自分たちの身長よりも大きな恐竜をつくろうとしたり,本当に人が乗っても動くジープや弾の出るピストルをつくろうとしたりして,工夫していた。取り組みの過程では,意見の対立やイメージのズレなどいざこざも起こる。それを乗り越えながら,協同してイメージの世界を実現することが楽しいのである。

　自分の考えを出したり,相手の思いを聞いたりして,やりとりできる関係が育っていること,必要な技能を積み重ねてきていることも背景にある。遊びに使うもの（ベニヤ板,車輪,段ボールなどの材料や用具）の提供や,継続して取り組めるような時間と場所があることも,子どものイメージを実現させるものとなった。子どもの思いに合わせた環境の構成をするために,保育者の教材研究も欠かせないだろう。

（4）ごっこ遊びの中で資質・能力が育つ

　3・4・5歳児を通して,ごっこ遊びの実際を見てきた。それぞれの発達の違いはあるものの,ごっこ遊びの拠点となる場があり,そこで保育者や友だちとかかわり,イメージに合うものをつくったり,使ったりして遊んでいることが分かる。また,子どもは遊びを通して総合的に学んでいる。事例9-3での学びを,3つの資質・能力で表した一部を以下に示す。

　①　知識・技能の基礎
　・安全に気を付けて段ボールカッターを使うことが分かったり,汚れないようにポスターカラーを扱ったりすることができるようになる
　・会話や図鑑を見ることから,恐竜の種類や特徴を知る　　　　　など
　②　思考力・判断力・表現力等の基礎
　・絵具で大きな木を描いたり,本物の葉っぱを飾ったりして,ジュラシックパークの森を伸び伸びと表現する
　・本物のジープらしくなるよう,ベニヤ板や滑車,段ボールを使って試行錯誤しながらつくる　　　　　　　　　　　　　　　　　　　など
　③　学びに向かう力,人間性等
　・できたジープを友だちと順番に乗って遊ぶ,役割交代するなど,相手

の気持ちを考えたり，遊びに必要な役割分担をしたりする
・本当に動く車をつくりたい，自分たちのジュラシックパークにお客さんを呼びたいと意欲的に取り組む　　　　　　　　　　　　　　　　など

2．劇的表現

(1) ごっこ遊びと劇的表現の類似点と相違点

　子どもの劇的表現は，見立てたり，なりきったりして，「つもり」を楽しむことから，ごっこ遊びと類似している。しかし，相違点もあり，それぞれにある固有の特徴を把握して援助することが重要であると河邉は述べている[2]。河邉は，劇的表現には劇的モチーフがあり，虚構の世界の中で緊張状態が解放に向けて進み，終結するまでのまとまりがある，とごっこ遊びとの相違点を指摘している。

　この点から読み直すと，前述の事例9-1は，短いまとまりではあるものの，「火事だ，大変」という劇的モチーフ（緊張状態）があり，消防士の登場で火が消えていくという緊張状態の解放と終結がある。つまり，日常のごっこ遊びの中にも劇的表現の芽生えは発生している。また，事例9-2は，『てぶくろ』の世界を再現している点で劇的にも見える。しかし，楽しみ方は，まとまりのあるストーリーの共有ではなく，それぞれの子どもの世界が中心であって，この遊びをそのまま舞台にもっていったとしても劇的表現とはならないだろう。このように，ごっこ遊びと劇的表現は相互に絡み合い，類似しつつも，相違を含んでいるのである。

(2) 劇的表現における方法論的問題

　劇的表現が子どもの主体的な取り組みとなるためには，日常の中で子どもが表現する場面を捉え，つなげていくことが大切である。しかし，実際の保育の中で実現していくのはとても難しい。劇的表現というと，子ども会や生活発表会などの行事に向けて意識されることが多い。その取り組み

も多様な実態があり，子どもの豊かな表現とはどのようなものか考えさせられることもある。例えば，次のようなことなどである。

①既製の絵本から劇の台本をつくり，セリフも動きも保育者が教える。叱咤激励して練習を繰り返したら，保育者の意に沿って子どもが動くようになった。

②劇のためにつくった衣装を身に付けたり，頭にかぶったりするが，それが原因で子どもが動きにくい。

③主体性を尊重したいので，日ごろのごっこ遊びをつなげて劇にしようとした。子どもの意見を全部つなげたが，ストーリーが複雑で分かりにくい。

行事のために劇的表現のテーマが保育者側から一方的に出てくる，結果としてのできばえや見せること自体が目的となってしまう，必要以上の演出をすることで子どもの表現を萎縮させている，などが問題であろう。日常のごっこ遊びからストーリーを立ち上げていく際には，劇的モチーフを楽しめるような構成も必要である。子どもが自分の遊びとして表現活動を繰り返し楽しむ時，身近な人に見てほしい気持ちがわき起こる。こうした子どもの思いを中心に，劇的表現の創造を考えていかなければならない。

(3) プロセスを大切にした劇的表現の創造

園生活の中から生まれる多様なテーマを連続させ，遊びの中で子どもがつくり出す表現を保育の中に位置づけていくような実践を考えたい。ここでは，劇「スイミー」[3]*2をつくり上げる事例（5歳児）を紹介する。

1）園生活の連続性から生まれる表現

図9-1は，「スイミー」が様々な園生活の連続性の中から生まれてきたことを表している。園外保育の水族館や運動会のソーラン節など，海や魚をたびたび保育のテーマとしたこともあり，それから派生する遊びにも，

---

*2 大きな魚に兄弟たちが食べられ，たった1匹だけ助かった小魚のスイミーが，海のいろいろな生き物に出会いながら，仲間の群れを見つけ，みんなで大きな魚の振りをして泳ぐことで身を守る話。

2. 劇的表現　107

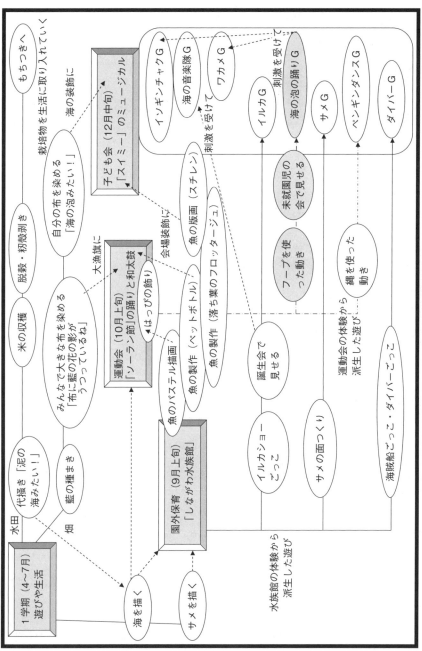

図9-1　子ども会に至る保育の流れ

写真9-4

海や魚に関することが多く見られた。海の世界を8種類のグループ（以下，Gとする）で表現したが，「海の泡の踊りG」や「ダイバーG」など原作に登場しないものもある。繰り返し遊んできたことを生かせるよう，保育者が構成したからである。これらのグループの取り組みから刺激を受けて，自分たちの表現したいことを見出していった「ワカメG」や「海の音楽隊G」などもあった。

　自分たちで育ててきた藍を使った大きな布の藍染めは，ソーラン節の背景を飾る大漁旗とした。その後，各自の布を思い思いの絞り方で染めたところ，布が干してある情景の美しさに，思わず「海の泡みたい！」と表現した子どもがいた。本当は，染めた布を弁当袋に使う予定であったが，その計画を変更して，子どもの感性を生かしてそのまま「スイミー」の壁面装飾とした（写真9-4）。

　園外保育（9月上旬）で水族館に行くと，魚を描いたりつくったりすることを多様な表現方法で繰り返した。立体作品は運動会の装飾に，版画の魚はその群れが大きな1匹の魚のように泳ぐシーンに使った（写真9-4）。

2）遊びの中で子どもがつくり出す表現[*3]

　ここで，フープを使った遊びが「海の泡の踊り」として子ども会の劇的表現に位置づくまでの経過を見ていこう。子ども会までの子どもの遊びの変化を，保育者の計画との関連で，図9-2に示した。

　フープを使った動きの面白さや動きのバリエーションを楽しみ，次第に腰で回すことに興味が一致していく初期は，何回続けて回せるかということが遊びの目標になった。動きの場に曲を取り入れると，リズミカルに動かすことや友だちと同じ動きをすることなど，音や相手の動きを意識し始

[*3] 次の論文の事例と図表（一部修正）を基にしている。
　　 田代幸代：子どもの遊びにおける協同性とは何か-遊びの中で子どもが目標を作り出す姿-，立教女学院短期大学紀要第39号，2007，75-88

2. 劇的表現　109

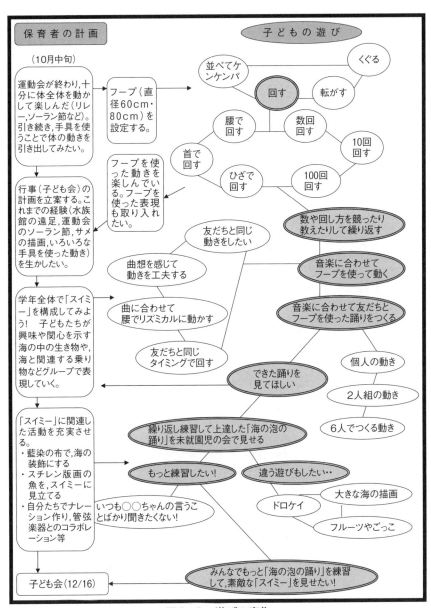

図9-2　遊びの変化

めた。友だちと動きがそろう楽しさを味わうようになると，踊りを未就園児や地域の人に見せたいという目標が出てきた。フープを円形に並べて順に移動する動きや2人組の技などを考え，目で合図を交わしたり，相談したりして，さらに自分たちの踊りをつくるようになった。体を通して得られる動きの一体感や，曲のもつ特性から引き出される動きのまとまりは，パターンとなって繰り返されるようになり，表現が広がって洗練されてくるとともに，仲間との取り組みが深まっていった。

　5歳児全体で「スイミー」を通してやってみると，劇的表現の一部に自分たちの踊りが位置づいていることを喜び，全体のストーリーの起承転結を楽しんだ。子ども会が目標になり，もっとすてきな踊りを見せたいという気持ちから，さらに繰り返し練習しようとする姿になっていった。

　このように，「海の泡の踊り」は，始めから決められた振りや型があって，それを練習してきたものではない。遊びが充実するよう子どもの楽しんでいる内容を読み取ることと，それを生かして次の保育を構想していくこととの繰り返しの中で創造されてきた。これは，「海の泡の踊りG」だけではなく，ほかのそれぞれのグループすべてに，それぞれのプロセスがある。動きや言葉，視線，表情など，様々なやりとりを通して自分の思いを表現し，仲間と共有していくプロセスこそ，幼児期に大切な学びとなろう。

3）「幼児期の終わりまでに育ってほしい姿」を視点に読み取る

　「幼児期の終わりまでに育ってほしい姿」として，具体的な姿が10項目示されている（第4章参照）。これは，遊びや生活の取り組み全体を通して，結果として育つ資質・能力の具体像であるが，この「海の泡の踊り」の事例からも，そこにつながる姿をいくつも捉えることができる。

　例えば，いろいろなフープの回し方を考え，身体を十分に動かして遊ぶ（健康な心と体），曲想に合わせていろいろな動きを工夫して踊る（豊かな感性と表現），できるようになったところを教師に認めてもらい満足感や自信をもつ（自立心）など，自分が遊びとどのように向き合うかという部分での育ちの姿である。また，仲間と一緒にどのような動きにするかを考え

ながら（思考力の芽生え），自分たちの踊りを相談しながらつくる（協同性），動きのコツを言葉で教え合う（言葉による伝え合い），未就園児や地域の人に踊りを見てもらうことに喜びを感じる（社会生活との関わり）など，他者とつながることから，遊びの面白さを重ねていく姿もある。

　このように，ごっこ遊びや劇的表現活動の姿の中には，10の姿につながるものがたくさん含まれており，それはいい換えれば学びの多い遊びであるともいえよう。取り組みの過程で得られる学びや育ちを大切にしながら，遊びを充実させていった結果が，劇的表現活動としてまとまる方向を目指すことによって，子どもの主体的で豊かな表現を育みたい。

まとめの課題

1．事例9-1（3歳児），事例9-2（4歳児），事例9-3（5歳児）から，幼児の姿の発達を読み取ってみよう。
2．もう一度ごっこ遊びの記録をとり，子どもの表現の楽しさを生み出す要因について，もの，場所，人とのかかわりの視点から考察してみよう。
　また，ごっこ遊びの中で，どのような資質・能力が育まれていたのか，遊びの中の学びについて考えてみよう（予習課題での記録を再考察してみてもよい）。
3．生活や遊びの中から劇的モチーフを見出そう。

引用文献

1）エウゲーニー・M・ラチョフ絵，うちだりさこ訳：てぶくろ（ウクライナ民話），福音館書店，1965
2）河邉貴子／森上史朗編：新・保育と児童文化—保育文化をはぐくむ—，学術図書出版社，1995，pp.71-80
3）レオ・レオニ，谷川俊太郎訳：スイミー，好学社，1979

第10章 表現を支える保育者の役割

📖 予習課題

1. 第1〜9章を振り返り、幼児の表現を受け止めるとは、具体的にどのようなことなのか考えてみよう。
2. 保育内容「表現」と、他の領域の関係について考えてみよう。

1. 表現を受け止める

　表現とは，内なる自分を外に表すことだといわれている。つまり，自分の感情や思い，考えたことなど，心の動きを外に出すことである。人は，うれしい時，楽しい時など，自分の内だけにとどめておくのではなく，他者にうれしさ，楽しさなどの「快」の感情を表したくなる。この表現を受け止め，共に分かち合える相手に出会うと，より「快」の気持ちは膨らみ，ますます表現したい意欲がわいてくる。「不快」の気持ちは，だれかが共に悲しんだり，悔しがったりしてくれたり，また，傍らにいてくれたりするだけで，薄れていく。園生活において，保育者が子どもの表現を受け止め，共に心を動かすことで，子どもはさらに自分を表したい気持ちや表現する方法を育て，相手との関係を深める力を身に付ける。

　本章では，保育者の大切な役割である「表現を支える」とは具体的にどのようなことなのか，事例を通して考えることとする。

2．事例から捉える保育内容

(1) 受け入れること，表現すること

事例10-1　ミウちゃんにもやってあげたい！　1歳児　4月

　ショウ（1歳7か月）が，ミウ（6か月）の様子をのぞきにきた。ショウは，入園したばかりのミウのことが気になるようだ。ミウが寝ている横に座り，手を取る。握っている手を開こうとしたところで，担任保育者のアヤ先生は，「ショウ君，ミウちゃんに"オヤユビネムレ"してあげるの？」と聞いた。すると，ショウはうなずく。アヤ先生は「オヤユビネムレ，サシユビモ…」と唱え始めた。ショウはそっとミウの手を握りながら，「○○ネムレ…」とアヤ先生の声に合わせて唱え始め，ミウの手をなでる。ミウの方ははじめのうちは驚いたのか顔をしかめたが，何度も繰り返すうちに「ウー，ウー」と声を出し，足を動かし始めた。
　そのうち，ショウはアヤ先生に手を差し出して，「ショウちゃん（も）！」と言う。アヤ先生はショウの手を取り「オヤユビネムレ…」と，一本ずつ指を触る。アヤ先生と遊んだショウは，再びミウの手を取って唱え遊びを続けた。

　「オヤユビネムレ」は，わらべ歌の一種（指遊び）である。歌詞を唱えながら，相手の指を一本一本寝かしたり起こしたりする。ショウは昼寝の際，保育者に「オヤユビネムレ」と，そっと指を触ってもらっている。保育者に指を触ってもらう安心感や心地よさを知っているからこそ，ショウは，ミウにも遊んであげたくなったのだろう。力加減がまだ分からない段階のショウが，保育者のゆったりとした唱えのリズムや声に合わせて，力を加減し始めた。ショウの表現が，ミウにも伝わった場面なのではないだろうか。

（2）その子なりの表現

> **事例10-2**　おおきなかぶ　3歳児　2月
>
> 　はな組（3歳児クラス）では，3学期に入り「おおきなかぶ」の劇遊びをしていた。ほかにも「3びきのやぎのがらがらどん」や「てぶくろ」などでも遊んだ。劇遊びは，子どもたちの大好きな遊びのひとつであった。しかし，ケンタとハヤトだけは劇遊びに参加しない。じっと見ていたり，近づいてきたりすることはあるのだが，入ろうとはしなかった。担任のアユミ先生が「一緒にやらない？」「手伝ってくれない？」などと声をかけると，「いやだ！」と，逃げて行ってしまう。
>
> 　劇遊びが始まって2週間ほどたったある日，ミキオが「かぶがいっぱいあるの！　きて！」と担任のアユミ先生を呼びにきた。アユミ先生がついていくと，園舎の裏側でケンタ・ハヤト・スミオが雑草抜きをしていた。小さいバケツにあふれるほど山盛りに雑草が抜いてある。アユミ先生は，「ケンタとハヤトは保育室での"おおきなかぶ"には参加したことはないが，こんなところでかぶごっこをしていたのだ！」と，面白いと感じたそうである。アユミ先生も一緒になって「うんとこしょ，どっこいしょ」と，雑草を抜いたり，木の根っこを引っ張ったりして遊んだ。

　この幼稚園では，年長・年中組は毎年2月に「劇遊びの会」を開き，保護者に舞台に見にきてもらっている。年少組だけは3月初めに，舞台ではなくホール（フラットな床）で劇遊びをしている様子を保護者に見てもらう形をとっていた。舞台はないとはいえ，保護者が見にくるとなると，劇遊びに入らない子どもがいることは，ほどんどの保育者にとっては「困ったこと」であり，「悩み」となる。しかし，アユミ先生は劇遊びに入らない子どもを「困った」という目では見ていなかった。うまく見せることよりも，その子たちなりに楽しんでいることの方が大事だと考えていた。そのために，園舎の裏で草抜きをしている子どもたちの姿を見たアユミ先生は，心からうれしそうで，一緒に遊んだ「うんとこしょ」遊びが楽しくてたまらない，愉快でたまらない様子であった。そうして，いつの間にかケンタとハヤトはクラスでの「おおきなかぶごっこ」に入るようになった。

「劇」とは，見せるために練習を必要とする，やっかいなものになりがちである。しかし，本来は，いつでもどこでも集団で遊べる，ごっこ遊びの延長であるはずである。だからこそ，子どもたちは全身で表現する喜びを味わうことができ，自己を解放できる大好きな遊びとなりえるのである。保育者が見せることを過剰に意識し，「うまく見せたい」と思ったとたんに，子どもにとっても保育者自身にとっても，劇遊びは苦痛なものに変わってしまうのだろう。

　この事例は，担任が一人ひとりそれぞれの表現を喜びをもって受け止め，支え，やがてはそれが，クラスでの表現遊びを支えることになったエピソードである。

(3) 心が動く体験

事例10-3　カブトムシ　5歳児　6月

　5歳児のコウタ・ヒロシ・ノブオは，体を動かす遊びが大好きで，連日園庭へと飛び出していく。室内で遊ぶ姿はほとんど見られず，とくに絵を描くことは苦手なようで，3人のクレヨンはいつまでも新品のままであった。

　6月の終わりごろ，クラスで飼っているカブトムシの幼虫がさなぎになった。前年度から，ペットボトルでつくった容器の中で子どもたちが大事に育てている幼虫である。透明な容器の端でさなぎになったため，様子がよく見え，それだけに子どもたちは成虫になることを楽しみにしていた。ある日，だいぶカブトムシらしい形になってきたさなぎが，モソモソ動き出した。最後の脱皮のようだ。懸命に体を動かし，脱皮し始めたカブトムシに気付いた子どもたちは，「頑張れ！頑張れ！」と声をかける。降園時，コウタはカブトムシに「明日な。明日な」と声をかけていた。

　翌朝，コウタは1番先に登園してきて容器をのぞいた。すると，羽化したカブトムシが土から這い出していた。「わぁ！」と声をあげたコウタは，靴箱のところでクラスの子どもたちがくるのを待ち，「カブトムシになったぞ！」と一人ひとりに伝えた。コウタ・ヒロシ・ノブオの3人はペットボトルを囲んでしばらく見ていたが，突然「うおう！」と声をあげて画用紙とクレヨンを取ってきて，ペットボトルの横でカブトムシの絵を描き始めた。

絵を描こうとしないコウタたちのことを，担任も主任（筆者）も「どうしたら描こうとするだろう」と，悩んでいた。クレヨンやマーカー，鉛筆では描きたくないのなら，絵具であれば描いてみたくなるだろうか。画用紙が嫌なら，大きな模造紙や色画用紙ではどうか。板や石に描いてみるのはどうか。などと様々な教材や素材を準備することを試みた。しかし，一瞬は興味をもったように見えても，すぐに外へと飛び出していく3人に，筆者は何をしたらよいのかと，迷うばかりであった。しかし，カブトムシが成虫になると，まずコウタの目の色が変わった。だれに言われたのでもなく，自分から画用紙とクレヨンを準備し，描き出した。カブトムシは形が複雑だが，コウタたちの描いたカブトムシは堂々としていた。命がけの，必死な脱皮の様子を見たコウタの心が大きく動いたのだろう。脱皮の翌日，成虫になって地表に出てきたカブトムシを見て，今までにない感動を覚えたのだと思える。仲間とその驚きや喜びを共有したくなり，登園する子どもに次々に伝えた。さらに心の中からわき上がる感動が，「描く」という行為としてコウタたちの体の内側から外側へと表出されたのだと考える。

　多種多様な教材と出会うことは，とても大切なことである。その素材について体験的に学ぶこともできるし，豊かな発想や豊かな創造性を生み出すことにもつながる。豊かな素材や教材の準備も，保育者にとって大きな役割である。しかし，それと同時に，心が動く体験があって初めて表現意欲がわくのである。

　コウタたちの姿から，内面からあふれ出るような心の動きは表現したくなる要求につながること，そして，楽しく遊んでいるように見えることが必ずしも豊かな経験をしていることとは限らないことを教えられた。

（4）歌で表し，歌から力をもらう

　2学期が始まり，運動会に向けてリレーが盛り上がり始めたころ，マサトの担任のアヤ先生は，「最近，クラスで仲間意識が育ってきたように思う。みんなの気持ちがさらにぐんと盛り上がるような歌はないだろうか」

と，探し始めた。先輩の先生に「わんぱくマーチ」を教えてもらったアヤ先生は，さっそくクラスの子どもたちと歌を歌った。子どもたちも先生も，この歌が大好きになった。仲間と力を合わせることの充実感や満足感を感じ始めたこの時期の子どもたちにとって，仲間と一緒の心強さを表した歌詞と，力強いメロディーが，心に響いたのだろう。

事例10-4　高尾登山　5歳児　10月

　高尾山を登りながら，マサトは「わんぱくマーチ」[1]を繰り返し歌っている。今日は，年長組の遠足の日。幸い天気もよく，気持ちのいい1日となった。周りにいた子どもも，一緒に歌い出す。途中手をつかないと登れないほどの急な角度のところは，さすがに歌わず，登るのが精一杯な様子だが，そこを過ぎると再び歌い出す。休憩場所に着くと，マサトは木の根元に座り，水筒のお茶を飲みながら，タクミに「『わんぱくマーチ』歌うと，元気が出るね」と言う。タクミは「わんぱくだからね！」と答える。

　この日のマサトやタクミたちは，高尾山の自然の中で心が解放され，思わずこの歌を口ずさんだのだと思われる。マサトたちは自分が大きくなったことに喜びを感じ，苦しい登山に向かう勇気をもらったに違いない。また，歌うこと，声を合わせることにより，仲間と一緒の喜びや力強さを感じ，自分たちの歌声に励まされたのではないだろうか。

（5）批評を受け止め，発展させる

事例10-5　「先生，どう？」　4歳児　2月

　ミキ・サトコ・トシオは机の後ろに座り，自分たちのつくったペープサートで劇を始めた。ケイコは机の前に座り，ペープサートの劇を見ていたが，すぐに舞台になっている机の前に椅子を並べ始めた。観客席をつくっているようだ。担任のミナコ先生が「劇，見てもいいですか？」と言って観客席に座る。ミキはしばらく演じていたが，立ち上がって，ミナコ先生に「先生，頭見えちゃうでしょ？」と言う。ミキは机が低すぎて，観客から演じ手である自分たちの頭が見えることが気になるようだ。ミナコ先生は「見えてるよ」と言うと，「それじゃ，だめなんだよね」と言う。トシオが「もっと大きな（背の高い）机がいいよ」と言うと，ミキが「そんなのあるかな…」と言い，周りを見回し

て，段ボールを取ってきて机の上に載せた。それを見たトシオも段ボールを載せる。サトコは「先生，緑の布ちょうだい」と言う。ミナコ先生は保育者が人形劇の時に使う道具が入っている箱から，緑の布を出して手渡す。3人は段ボールの上に布をかける。

　すっかりペープサート劇場ができ上がり，年少組の子どもたちを呼びに行って観客席に案内し，ペープサート劇を見せた。年少組の子どもたちが帰ると，ミキはミナコ先生に「どうだった？」と聞く。ミナコ先生は「楽しかったけど，ちょっと声が小さくて聞こえないところがあったよ。ほら，ほかの人たちが遊んでいる声もワーワーしているでしょ。聞こえないところがあって，それが惜しかったなあ…」と言う。すると，ミキたち3人の演じ手とケイコは，保育室よりも静かな廊下の突き当たりまで机を運び，そこを劇場に仕上げ，再び年少児を呼びに行った。

　ペープサート劇は，かなり面白いものであった。しかし，ミキたちにはもっとうまく演じたい，見ている人に楽しさを伝えたいという意欲がある。ミナコ先生はそれを感じているからこそ，ただ「楽しかった」と言うのではなく，頭が見えていることを指摘したり，声が小さいことを伝えたりしたのであろう。子どもたちは，保育者のアドバイスを素直に聞き入れ，改善しようとする。ミキたちの意欲と同時に，保育者と子どもたちの間に信頼関係があるからこそできる，遊びの深め方なのだと思われる。また，段ボールや布などの準備，遊び場の保障など環境を整えることが保育者の大きな役割であることが読み取れる。

（6）表現を支える仲間関係

事例10-6　のんきなうた　5歳児　2月

　子どもたちからの提案で，卒園式前にクラス全員で劇をすることになった。3学期に入ってから連日，何の劇をするか相談し，ようやく「わっしょいわっしょいぶんぶんぶん」[2]をすることに決まった。この物語は，音楽が大好きな国の話で，絵本の中に歌詞がたくさん出てくる。登場人物はいつも歌を歌っているという設定である。
　ある日，アンリが歌詞にメロディーをつけて歌い出した。数日後，ハナヨも

> また違うメロディーをつけて歌い始めた。アンリはハナヨを連れて，担任である私（筆者）のところにきた。「どっちの歌にするの？」と聞いてきた。アンリの歌はゆったりとしたメロディーであり，ハナヨの方はリズミカルな印象を受ける。絵本全体のイメージとしては，ハナヨのつくったメロディーの方が合っているように思えた。しかし，アンリがこの劇をすることに夢中になっていることを考えると，私は答えに窮してしまった。アンリは「私の方がいいと思う」と言い，ハナヨも「私の歌にする！」と言い張る。
>
> 　間に入った私が困り果てていると，そこに同じクラスのトシカズが通りかかり，その様子を見て「どうしたの？」と声をかけてきた。アンリが少々怒ったような口調で説明すると，トシカズは「うーん，どっちの歌もいいけど，アンリちゃんの歌はのんきだね〜」と言った。アンリはハッとしたような顔をして，「ハナヨちゃんの歌にする」と言った。私は「アンリちゃん，いいの？」と聞くと，アンリは「うん。ハナヨちゃんの歌の方がいいと思った，楽しそうで」と言った。

　結局，劇の中で歌われるのはハナヨのつくったメロディーになった。年長組のこの時期にもなると，自分だけの表現で満足するのではなく，仲間と一緒に表現することの喜びを感じるようになる。自分や仲間の表現を，客観的に評価する力も付いてくる。だからこそ，アンリは自分の思いを貫くのではなく，トシカズの言葉によってみんなが楽しめることを選択し，ハナヨの歌にすると言ったのだろう。私は，明らかにハナヨの歌の方がイメージに合うと思っていたが，アンリの気持ちを考えると何も言えなかった。「担任の私が何とかして，丸くおさめなければならない」という思いが間違っていたと思われる。目の前の「どちらの歌か選択しなければならない」ということに困り果て，子どもたちの育ちを忘れてしまっていた。

　また，このエピソードの背景には，仲間としての育ちがある。仲間関係の育ちがあるからこそ，トシカズはアンリを傷つけず，しかもアンリが納得して受け入れられるような言葉を用いることができたのだろう。一方，仲間関係の育ちが背景にあるからこそ，アンリの方もトシカズの言葉から，自分のつくったメロディーとハナヨのつくったメロディーを客観的に比べ，自分で評価し選択することができたのだろうと考える。

3. 子どもと共に楽しむ

　前節であげた事例は，子どもの表現を支える保育者の役割は単純なものではなく，多種多様な支え方があり，それは子どもと保育者の関係や仲間関係と大きくかかわっていることを示唆している。保育者次第で子どもの表現が変わってしまうため，責任重大であり，怖い気持ちもする。

　しかし，保育者が子どもたちと共に表現することを楽しんでいると，子どもたちの表現をいかに支えるかが自然と見えてくるようにも思える。まずは，保育者自身も子どもと共に心が動くような豊かな体験をし，幼児との応答的なかかわりを楽しみ，喜びをもつことが，子どもたちの表現を支える手がかりになるのではないだろうか。

  まとめの課題
1. 自分が幼いころに楽しいと感じた「表現」に関する遊びを思い出し，グループの仲間と，何が面白く感じたのかを話し合ってみよう。
2. 事例に出てくる保育者は，子どもの表現を支えるためにどのような役割をしたのか（例：環境設定や事前の準備，子どもたちと共に楽しむ，見守る，など），グループで話し合ってみよう。

引用文献
1) 坂田寛夫作詞，ベルグマン作曲，小森昭宏編曲：わんぱくマーチ
2) 加古里子：わっしょいわっしょいぶんぶんぶん（かこさとしおはなしのほん3），偕成社，1973

第11章 領域「表現」をめぐる現代的な課題

📖 予習課題

1. 乳児にとっての「表現」，幼児にとっての「表現」，児童・生徒にとっての「表現」について，それぞれ思いつくものを書き出し，3つの相違点を確認した上で，友だちとも比べてみよう。
2. 保幼小接続・連携という言葉で，あなたの幼児期や小学校時代に思い当たる事柄を書き出し，他の人と比べてみよう。
3. 学校教育法における幼稚園と小学校それぞれの目的・目標を確認しよう。
4. 幼稚園教育要領解説，保育所保育指針解説，幼保連携型認定こども園教育・保育要領解説，小学校学習指導要領解説で，連携についてどのように言及しているのか押さえよう。

1. 子どもの権利としての「意見表明」と「表現」

(1)「子どもの権利」という視座

第1章で述べたように，保育の前提には，子どもは自らが育とうとする存在であり，子どもは有能な学び手であるという「子ども理解」がある。そして，そのような子どもが，どう育ち，何を学んでいこうとするのかは，その内側から出てくるものだけではなくて，良くも悪くも外側にある環境に影響されている。本書の終わりに近づくにあたって，領域「表現」をめぐる現代的な課題として，「子どもの権利」という視座で「表現」を考えておくことの必要性を述べておこう。

日本が，国際連合（国連）で採択された「児童の権利に関する条約（子

どもの権利条約)」に批准したのは1994年(平成6)。本書が刊行される2019(令和元)年はちょうど25周年目になる。子どもの権利条約において,「表現」にかかわる条文としてすぐに思い浮かぶのは,第13条(表現・情報の自由)ならびに第12条(意見表明権)であろう。

この第12条には「自己の見解をまとめる力のある子どもに対して,その子どもに影響を与えるすべての事柄について自由に自己の見解を表明する権利を保障する。その際,子どもの見解が,その年齢および成熟に従い,正当に重視される」とある。では,ここで一つ質問をしよう。

言葉を正式に習う以前の子ども,つまり,いわゆる言語を上手に使えない就学以前の乳幼児(あるいは赤ちゃんであれば全く駆使できない)は,その意味では「自己の見解をまとめる力」はないので,保護・養護の恩恵を受ける対象ではあるが,「意見」を「表明」したり,「表現」したりする権利はもっていないと考えてよいのだろうか。

実はこの点にこそ,まずは「子どもの権利」の観点から「表現」を確認しておく必要がある。というのも,この条文においては「自己の見解」である「意見」は,"opinion"ではなく,"view"として示されているからである[1]。

> **Article 12**
> 1. States Parties shall assure to the child who is *capable of forming his or her own views the right to express those views* freely in all matters affecting the child, the views of the child being given due weight in accordance with the age and maturity of the child. (斜字・太字は引用者)

しかも,国連の子どもの権利委員会(Committee on the Rights of the Child ; CRC)は,条約に規定された権利および条項の意義をより具体的に明らかにするために,一般的注釈(general comments)を採択している。とくに乳幼児については,これまで「締約国の審査報告が,主に子どもの死亡率,出生登録および健康ケアに限定され …(中略)… 子どもの権利条約の乳幼児にとってのより広範な意味に関する討議が必要である」として,「『乳幼児期における子どもの権利の実施』に関する一般的注釈第7

号」(2005年)を採択してさえいるのである。そこには、この第12条（意見表明権）について次のように記されている[2]。

14. 乳幼児の意見と感情の尊重
(Respect for the views and feelings of the young child)

　第12条は、子どもは自己に影響を与えるあらゆる事柄について自己の見解を自由に表明し、かつ、意見を考慮される権利を持つと規定する。この権利は、自己の権利の促進、保護および監視への積極的な参加者としての乳幼児の地位を強化する。<u>乳幼児の—家族、コミュニティおよび社会における参加者としての—主体性の尊重は、年齢および未成熟性を理由に不適当なものとして、しばしば見逃され、または、拒否されている。</u>多くの国と地域において、伝統的信念は、乳幼児を訓練し、社会化する必要性を強調してきた。乳幼児は未発達であり、理解をし、コミュニケーションをし、選択をする基本的な能力さえをも欠いていると見なされてきた。<u>本委員会は、第12条が、年少の子どもおよび年長の子どもの双方に適用されることを強調したい。権利の保持者として、たとえ生まれたばかりの子どもであっても、自己の見解を表明する資格を与えられ、その意見は「子どもの年齢と成熟に応じて適切に考慮される」（第12条1項）べきである。</u>乳幼児は、その環境を敏感に感じ取ることができ、自分の生活における人々、場所および日常的な事柄を非常に迅速に理解し、自分自身の固有のアイデンティティを自覚する。<u>乳幼児は、話し言葉および書き言葉を通じてコミュニケーションができるようになるずっと以前から、選択をし、様々な方法で、自分の感情、考えおよび希望をコミュニケートしているのである。</u>これに関連して、

　(a) 本委員会は、権利の保持者としての子どもは、自分の意見を表明する自由および、自己に影響を与える事柄について相談を受ける権利を持つという概念が、子どもの能力、最善の利益および有害な経験から保護される権利に適した方法で、出生直後から実施されることを確保するために、あらゆる適当な措置を取ることを締約国に奨励する。

　(b) 意見および感情を表明する権利は、家族（適用可能な場合、拡大家族を含む）およびコミュニティにおける子どもの日常生活において、乳幼児の健康、ケア、教育のための施設および法的手続のすべての側面において、ならびに、調査と相談によるものも含めて政策およびサービスの開発において、係留されるべきである。

(c) 締約国は，関連するあらゆる状況における子どもの日常的な活動において，乳幼児が自己の権利を漸進的に行使する機会を創造することへの，親，専門家，および責任ある当局の積極的関与を促進するために，必要なスキルに関する研修の提供を含む，あらゆる適当な措置を取るべきである。参加に関する権利の実現は，大人に，子ども中心的な姿勢を取り，乳幼児に耳を傾け，かつ，子どもの尊厳および子ども独自の観点を尊重することを求める。それはまた，大人に，子どもの関心，子どもの理解力，および，好ましいコミュニケーションの方法を考慮しながら，忍耐をし，かつ，想像力を働かせることを求める。　　（下線および斜字・太字は引用者）

　日本は，子どもの権利条約に批准した国である。そして，まさにこの条約の締約国であるわが国では，保育所保育であれ幼稚園教育であれ，保育内容は法的基準としてのガイドライン（幼稚園教育要領，保育所保育指針，幼保連携型認定こども園教育・保育要領）に基づいて，ナショナルミニマムとして規定される，すなわち子どもの最善の利益としての子どもの権利を守る（護る）義務を保育者は負っている，ということなのである。
　では，このことを，具体的に「表現」における「子どもの権利」として考えた時，保育者は，例えば子どもにどう向き合えばよいのだろうか。それを考えてみよう。

（2）「子どもの権利」に向き合うために

　次の事例に対して，みなさんはどう考えるのだろうか。

事例11-1　子どもの権利に対して，保育者はどうする？

- 近くの空き地に子どもと散歩。咲き乱れるシロツメクサを摘んでの髪飾りづくり。
　保育者（大人）として　⇒　止める？　or　止めない？
- 園庭にできた水たまり。触発されて始まった園庭での川づくり，ダムづくり。
　保育者として　⇒　止める？　or　止めない？
- 父の日，母の日のプレゼント。子どもたち同士の作品に差がつくと保護者が心配するかも…。

1. 子どもの権利としての「意見表明」と「表現」　　*125*

> 　保育者として，子ども同士のでき栄えができるだけ差がつかないように…。
> 　　⇒　　配慮すべき？　or　配慮すべきではない？
> ●お店屋さんごっこでのお寿司屋さん。チューリップの花びらでつくったイカのお寿司。見るからに本物っぽくてとてもおいしそう。でも，花びらはもう落ちていない。あとは花壇に咲いてる花があるだけ。この花びらを花壇からとってイカづくりをしようとする子ども。
> 　　保育者として　⇒　止めさせるべき？　or　止めさせるべきではない？

　もちろん，これらに明確な1つの正答が存在するわけではない。否，むしろそうだからこそ，この1つひとつの場面での対応に「子どもの権利」としての「表現」に向き合う大人のあり方を考える「種」が潜んでいると思われてならない。

　例えば，花を摘むこと，ちぎること。これは子どもの遊びにとってかけがえのない楽しさであると，私は思う。野に咲く花と花壇の花。どちらはちぎってよくて，どちらはいけないのか。そのことを「正しさ」として簡単に子どもたちに伝えることはできるのか。どちらにも命はある。どちらの花に対しても見て楽しむ喜びは，やはりあるはずだ（高山植物を勝手に持ち帰ってしまう問題を考えれば，大人も子どもも実はそう大きな違いはないことが分かる）。

　こわすこと。それは新たなものへとつくりかえることにつながる。土に水たまりができているから触発される。子どもたちは（私たちでさえも）川を掘り，ダムで水を堰き止めたくなるのではないのか。こわすことのできないアスファルトの地面からは，こうした活動は生まれようがない。また，そこに水たまりがあるから川づくり，ダムづくりが始まるのであり，ただ砂場や築山があてがわれてさえいれば創造が始まるわけでもあるまい（もちろん，砂場や築山は子どもの大切な遊び場であることはいうまでもない）。

　あるいは「解剖」や「分解」。これも，こわすことに他ならない。アリの巣がどうなっているのかほじくり返したり，トンボの羽をよく見ようとしているうちに粉々にしたり……。いわゆる科学的な探求心の萌芽とは，本来こうしたところに見られるのではないのか。一方で確かに，私たちは

その楽しかった体験とともに，時には命を奪い，もとに戻らずこわれるという体験によって，命のはかなさや尊厳を感じ，「もの」の大切さを知っていったのではないのか。

そう考えれば，私たちは子どもに向き合おうとする時，自らの価値観を問い直さざるを得ない。そのことはとても苦しいことだろう。また，目に見えやすい結果，効率性や合理性が尊重される世界にあって，子どもの側に立ち，子どもの「声なき声」を代弁し，社会に向けて発信していくこと。これらはとても困難でつらいことかもしれない。

保身や安定。これらを求めてしまうことも無理からぬことだろう。しかし，幼稚園教育要領にあるように「感じたことや考えたことを自分なりに表現することを通して…」子どもを育むためには，子どもの傍らにいて子どもを一人の尊厳ある表現者として「子どもの権利」を護る（守る）こと，このことが保育者の責務であることは紛れもない事実であり，それを今ほど強く求められている時代はないのではないだろうか。

2．小学校との接続・連携

（1）接続・連携の必要性と陥りやすい問題点

義務制である小学校に対して幼稚園は任意制だが，今日，ほとんどの子どもが，就学前に幼稚園や保育所，認定こども園などで集団生活を体験し，入学する。保育と小学校教育の接続・連携は，幼保・小双方の機関が考えなければならないことである。そうでないと，入学後，子どもが両方の機関の教育方針や内容，方法の違いに大きな戸惑いを感じたり，それがもとで，学校そのものを拒否したり，ある教科が嫌いになったり，担当者に対する不信感を抱いたりするようなことにもなる。それは，教育効果の上からもマイナスである。

幼稚園教育要領解説には，「小学校以降の教育や生涯にわたる学習とのつながりを見通しながら，幼児の自発的な活動としての遊びを通しての総

合的な指導を行うことが大切である」（第1章総説）と述べられ，乳幼児期の保育は，その直後にくる小学校だけでなく，その後の学習も視野に入れる必要があることが示されている。乳幼児期は人間としての基礎が形成される時期であるので，当然ともいえる。こうした広い視野を背景に，小学校教育との接続・連携について次の2点が示されている。

> （1）幼稚園においては，幼稚園教育が，小学校以降の生活や学習の基盤の育成につながることに配慮し，幼児期にふさわしい生活を通して，創造的な思考や主体的な生活態度などの基礎を培うようにするものとする。
> （2）幼稚園教育において育まれた資質・能力を踏まえ，小学校教育が円滑に行われるよう，小学校の教師との意見交換や合同の研究の機会などを設け，「幼児期の終わりまでに育ってほしい姿」を共有するなど連携を図り，幼稚園教育と小学校教育との円滑な接続を図るよう努めるものとする。
> （下線引用者）

これは，保育所や幼保連携型認定こども園でも同様である[a]。

また，小学校学習指導要領では，国語，算数，音楽，図画工作，体育の各教科の「指導計画の作成と内容の取扱い」で，次のように示されている。

> 低学年においては，第1章総則の第2の4の(1)[b]を踏まえ，他教科等との関連を積極的に図り，指導の効果を高めるようにするとともに，幼稚園教育要領等に示す幼児期の終わりまでに育ってほしい姿との関連を考慮すること。特に，小学校入学当初においては，生活科を中心とした合科的・関連的な指導や，弾力的な時間割の設定を行うなどの工夫をすること。
> （網掛け引用者）

小学校教育が円滑に行われることは大事であるが，保育の場は，そこで，子ども自身が日々，自分らしく生きるその延長上に，結果として様々な学びがあり，小学校での学びの土台となっていくものであって，小学校入学の準備のためにあるわけではない。しかし，ともすると小学校の教育を先取りして準備教育まがいのことを行う傾向に陥りやすく，直接に教科につながるという理解の仕方をもって連携や接続を考えてしまいがちである。幼児期から児童期へと連続した発達・成長へのつながりを，幼保・小

が相互に理解することが大切である。教科に固定して内容を考えてばかりいると，子どもが何を獲得したかという評価のまなざしだけで見ることになり，今を生きる子どもの実態（何を面白がっているのか，どうしようとしているのか，どうしてほしいのか）を見落としてしまう。

（2）さながらの生活に見る学びの姿

　子どもは，やりたがり屋，試したがり屋で，自分の外界に対して自ら働きかけ，やりとりする有能な存在で，そうした日常の経験からいろいろなことを学んでいる。なぜなら，まだ幼い彼らにとっては，周囲には未知のものが多く，生きることの中で，日々何かを獲得したり，確認したりしているからである。このような子どもの日常を「表現」という視点で見た時，そこにどのような学びが見えてくるだろう。

> **事例11-2　身の回りのものをたたいてみる　4歳児**
>
> 　室内で各々の遊びが展開する中，積木として使っている木片をどちらが高く積めるかを競っていた男児たち。その積木がとうとう音をたてて崩れた。その1つを拾って床や木片同士をたたいてみる子どもがいた。保育者が「あっ，いい音するね」と言い，木片を両手に持って，リズミカルにたたき出した。「これはどうかな」と，トン，トトトンと木片で机や椅子のパイプをたたいたり，「他に何かいい音するのはないかなー」と室内をめぐり，新たに探してたたく。音に合わせて体も右に左に揺らしてリズムをとる。
> 　はじめは，最初に木片でたたいた男児が一緒にやっていただけだったが，いつの間にか男女入り乱れて何人もの子どもたちが保育者の後に連なって一緒にリズムをとってたたく列をつくっている。加わりはしないが，気にして絵を描く手を止めて見たり，楽しそうに笑って見たりしている子どももいる。

　最初，崩れた木片同士をたたいた子どもが，どういう思いであったのかは分からない。たまたまそばにあったものを手にとってしただけのことかもしれない。しかし，その行為の背景には，コトリともさせずに緊張と静謐の空気が漂う中で積んでいた積木が音をたてて崩れ，その時それまで体験していた積木の違った側面を体感したであろうことも関係があるかもし

れない。保育者は，積木のもう1つの面に着目して，その気付きを励ます言葉をかけ，自ら音探しをする。ものはたたくと音が出ること，ものにより出る音が違うこと，床や机など木製は低くて太く，椅子のパイプは高く，木製とはだいぶ違う音がすることなど，耳で聞いたり体で感じたりしたことを言葉と体で表現して楽しむ。子どもは保育者の動きをよく見ている。参加する子どもが増えることで互いの動きがまた刺激になる。

事例11-3　学童保育の姿から　1年生　6月

　学童保育で保育所にきたリコとモモは，小さな机に2人並んで宿題をやり出した。
　宿題の途中，間違ったところを消しゴムで消した際，リコは「いいこと考えたの。この消しゴムの粉で，また消しゴムができるんだよ！」と自分の発見を私に教え，「集めておこうっと」と，消しゴムを入れるように仕切られた筆箱の小さな四角に入れた。その仕切りの中には，すでに集められた消しゴムのカスがたまっていた。宿題が終わると，「さぁて，消しゴムつくろっかなー」と宿題を片づけ出した。
　7月，リコと出会った時，「消しゴムつくってる？」とたずねると，「ううん，つくってなーい」と言う。「どうして？」と重ねて聞くと，リコは「だって，くずれるもん…」と言う。

　幼いころ，だれでも一度は消しゴムのカスを丸めて消しゴムをつくることを思いついたことがあるだろう。全体の部分であるカスをまとめると，また元のような（全体の小さい）ものができるという思いつきは間違ってはいない。しかし，試みると思っていた通りにはならなかった。ともすると，微笑ましいがたわいもないと一笑に付されてしまいかねないが，どんな発見にも喜びがある。それを1つひとつ確かめていくことは，単にものの性質を知るというだけでなく，少しずつ自分の世界を広げ，その積み重ねが類推する力にもなっていく。

（3）接続・連携をどう摸索するか

　小学校の生活科や総合的な学習の時間は，教科の枠にとらわれない総合

的な指導の重要性が認識されており，最も保育との連携がとりやすいところである。互いの施設を訪問し合っての交流も最もやりやすい。小学校と幼稚園・保育所・認定こども園での学び方や生活の仕方の違いから，両者の連携は生活科ですら必ずしもスムーズに行われているというわけではない。しかし，保育において目指されていることが，いかに小学校以降の学びの基礎になるかを確認できる教科もある。

　事例11-1のような1コマは，園生活の中にはよくある。音を発見することや保育者やみんなと合わせていく楽しさの中で，自分の外界にあるものの特質を学んでいく。教科としての音楽以前のことだが，声や身の回りの音の面白さに気付いて音遊びをしたり，音を音楽にしていくことを楽しむことは，「音楽活動の楽しさを体験することを通して，音楽を愛好する心情と音楽に対する感性を育むとともに，音楽に親しむ態度を養い，豊かな情操を培う」（小学校学習指導要領　第2章第6節　第1目標(3)），「楽しく音楽に関わり，協働して音楽活動をする楽しさを感じながら，身の回りの様々な音楽に親しむとともに，音楽経験を生かして生活を明るく潤いのあるものにしようとする態度を養う」（同上　第2各学年の目標及び内容（第1学年及び第2学年）1目標(3)）基盤になっていく。

　連携をどう摸索するかの答えは，幼稚園教育要領，保育所保育指針，幼保連携型認定こども園教育・保育要領にある本来の保育をきちんと実現することを摸索するということに尽きる。保護者や小学校の教師に，園生活における子どもの育ちや学びをきちんと伝えていくことができるという意味でも，接続・連携を全うすることになる。幼保・小双方とも「幼児期の終わりまでに育ってほしい姿」は，到達目標ではなく，方向性を示すもの（方向目標）であることに留意し，それにがんじがらめになることなく，今を生きる一人ひとりの子どもが抜け落ちてしまわない交流にしたい。

まとめの課題

1．事例11-1について，自分の意見をまとめてみよう。「止める─止めない」といった結果だけではなく，「なぜそう思うのか」を言葉にすること。その上で，子どもの「表現」を大人が守ることの意味について考えてみよう。
2．p.127の網掛け部分a），b），について確認しておこう。
3．自分が保育者なら，小学校とどのように連携したいか，具体的に考えてみよう。
4．小学校学習指導要領　第1章総則の第2の4の(1)をよく読んでみよう。
5．「幼児期の終わりまでに育ってほしい姿」とは何か，確認しよう。

引用文献／参考文献

1）http://www2.ohchr.org/english/bodies/crc/docs/AdvanceVersions/GeneralComment7Rev1.pdf（2019年4月9日取得）
2）https://www.nichibenren.or.jp/library/ja/kokusai/humanrights_library/treaty/data/child_gc_ja_07.pdf（2019年4月9日取得）
　なお，1）および2）は，いずれも日本弁護士連合会のホームページより閲覧できる（https://www.nichibenren.or.jp/activity/international/library/human_rights/child_general-comment.html）。
・文部科学省：幼稚園教育要領解説，フレーベル館，2018
・文部科学省：小学校学習指導要領解説　総則編，2017
・文部科学省：小学校学習指導要領解説　音楽編，2017

子どもの表現を支える指導計画

予習課題

1. 3歳児に絵具の経験をさせるとして，どのような活動にするか，ねらいを立てて考えてみよう。
2. そのために，どのような紙，筆，絵具を用意するか，考えてみよう。
3. その素材，道具の量と配置を考えてみよう。

1. 表現を支える指導計画

　子どもは，自分の見方，感じ方，考え方を大切にされることによって，自己を発揮する。それは，素朴な，自分なりの表現として，様々な遊び場面で立ち現れる。泥のカレーライスにそっと紫蘇の花を添え，サラダ付きのカレーライスをつくる子どもや，型抜きのプリンが美しくできるかどうか，自分の手の先を凝視しながらカップを持ち上げている子どもがいる。また，遠くからバケツいっぱいに溜めたパウダー状のさら粉を持ってきて，自分で触って見せながら「触って」と言ってくる子もいる。小さな，それでいてたくさんの美しさや面白さに気付き，それを自分のものとする子どもの動きは，試行錯誤にあふれている。それは，物事に主体的にかかわる力，すなわち生きる力を育む，とても大切な姿である。

　当たり前のことだが，子どもは，自分たちでままごと道具を買いに行ったり，画用紙を業者に注文したりすることはできない。保育環境として，どんなままごと道具を置くのか，どんな画材を準備するのかを決めていく

のは保育者である。子どもは，園が構成した限定的な環境の中ですごしている。だからこそ，どのような物的，人的環境で子どもを包むかは，とても大事なことである。

さらに，一日一日をどうすごすか，一日一日がつながっていく1年間をどうすごすか，ということも，保育者が形づくっていくものである。どの時期に，どのような活動を取り入れるのか，そのためにどのような環境を準備するべきか，そこで保育者はどう動いていくのか，ということを行き当たりばったりで行うのは，教育ではない。そこには，計画が必要になる。

保育における環境の空間的な構成や時間的な構成，そのねらいに応じた援助の方向性について，前もってイメージし，準備しておくことが大切である。それがあって初めて，目の前の子どもの動きの志向性と保育者の意図が合っているのか，分かってくる。

保育は，不断の仮説―検証の営みである。就学後の教育のように，学習するべき内容をあらかじめ定められるわけではない。保育者の「ねらい」や「願い」と子どもの「やる気」がかかわり合って，葛藤したり，盛り上がったりしながら保育は展開する。その営みを自覚し，次の保育を構想することが「指導案を立てる」ということである。

この章では，遊びを中心的活動とする保育とその指導案について，日案を中心に学んでいく。

2．遊びを援助する保育者

（1）出来事に着目する

遊びでは，園の様々な場所で，様々な出来事が同時に起こっている。泥遊びをしたり，ごっこ遊びをしたり，雲梯に挑戦したり，サッカーをしたりしている。保育者は，同時に2つの空間に存在することは不可能であるから，どこかに身を置き，見守ったり，声をかけたりしている。それは，

子どもに誘われた場合であってもなくても，保育者の選択である。ベテランかつ有能な保育者は，この選択が的確であり，妥当性が高いといえる。あらゆる出来事が起こっている中で，何を選び取って，どう解釈し，そこからどのような援助を導き出すかで，保育は決まる。ここには，援助の優先順位を定めるということも入っている。

保育者が着目する出来事には，その保育者の課題性が影響する。「〇〇ちゃんに，自分でつくる喜びを知ってほしい」という願いをもつ保育者は，それが生まれそうな場面に着目するし，「ダンスが苦手な〇〇くんに，楽しさを伝えたい」と思っている保育者は，その彼が，友だちの踊っている姿をじっと見ている様子を見て，チャンスだと思うだろう。また，ごっこ遊びで，言葉のやりとりが通じないために，遊びが続かないと考えている保育者は，ずれている場面，ずれそうな場面に着目し，子どもの発話をつないでいくだろう。

同時多発的に多くの物事が起こっている中で，身一つの保育者が，何に着目するか（同時に，何を見ていないのか）ということが，大きく保育を左右するのである。

（2）見通しをもつ

保育者は，遊びやクラスの活動や一人ひとりの子どもに対して，様々なねらいに基づく願いをもっている。それは，一日で叶うものではない。例えば，クラスで一緒に歌うことが苦手な子どもがいたとして，その子どもが次の日に歌えるようには，まずならない。そこには，様々な要因があるだろう。保育者は多くの場合，その子どもが興味をもって「見る」という姿を待ち，そこにつないでいきたいと考える。また，家で口ずさんでいるという情報を得ると，「もう少しだ」と思う。そうして，その子どもの「歌いたい」という気持ちの高まりを捉えようとする。多くのベテラン保育者は，「本当は，みんなと一緒に歌いたいはずである」という仮説と，「歌を共有する喜びは，どの子どもも感じられるはずである」という保育観をもって，今の子どもの状態を診断し，見通しをもつ。見通しをもつこ

とで，保育者は，今の子どもの姿を建設的に見ていくことができる。

　時間という枠組みから見通しを立てることは，あらゆる場面で重要である。とくに，新しい歌やダンスを覚える時など，1日でそれをするのは不可能である。メロディを覚え，歌詞を覚え，ピアノに合わせて歌うまでには，複数の機会が必要である。ダンスにしても同様である。保育者は，いつの時間帯に，どれくらいの時間をかけて，どこまでそれを進めていくのか，計画を立てる。保育者は，先に見通しをもつことで，的確で，より妥当性の高い保育を営むことができる。

(3) 指導計画を立てることの意味

　毎日，同時多発的に多くの出来事が起こり，それらは飛ぶように過ぎ去っていく。現実的に，保育者が見て取ったことと見ていないことを比べると，見ていないことの方が何十倍も多いであろう。詰まるところ，よい保育は「保育者による」ということになりかねないのが，保育の現場である。長い間，保育者に必要なのは「感性」といわれてきたのも，多くの出来事から，子どもの育ちにかかわる大事な出来事をおよそ直感的に，すばやく取り出す必要があるからである。

　自分が何に着目して，どのような課題をもち，そのために何がしたいのか，その営みはどこに向かっているのかを自覚していく作業が，指導案を立てることである。これは，「保育は，その保育者による」ということを乗り越え，「感性がなければできない」ということを乗り越えるためにあり，教育として保育が立つことを支えるものである。

3．明日の保育を支える日案とその様式

　遊びを中心的活動とする保育では，小学校教育の単元学習のように，あらかじめ活動の内容が決まっているわけではない。内容は，園の環境にかかわって子どもがつくり出すものである。そこに，保育者がどうかかわっていくのかが問題となる。したがって，どの様式においても，幼児の実態

がまず先に置かれるのが，保育の指導案の特徴である。明日，どんなことが起こるのかというイメージを広げることで，保育に対する心構えができる。心構えがあれば，落ち着いて物事に対応できる。それを書く中で，自分が何を大切にしているのか，何がしたいのか見えてくる。自分の保育に対する自覚が生まれるのである。保育者の即時判断によって行われる保育は，その保育者の人間性や慣習性が色濃く反映される。そのことの是非を問う前に，保育者の言動を導いているものの中心には，ねらいや願いという根拠があって，それがどのように具体的な実践へと結び付いているのかを指導案を通して自覚することが，保育の専門性として求められる。

以下では，一般的な時系列に沿った様式と，遊びを支える「保育マップ型記録」[1]による様式を紹介し，それぞれの様式の利点とその他の問題について考えていく。

(1) 一般的な様式

表12-1の一般的な指導案の様式は，時系列に沿って，予想される子どもの姿を書き，自分のすることを書くというものである。

これは，実習生や新人保育者の4・5月では，助けになる様式である。その理由は，まず彼らが子どもと共に生活の流れをつくるということに，一苦労するからである。例えば，朝の準備でやる気がいっこうに起きない子どもがいたり，お片付けになると逃げる子どもがいたり，お弁当の準備でてんやわんやしたりする。さらに，帰りのお集まりで何を話していいか分からない。時間が余った，時間が足りないと四苦八苦する。そのような彼らにとっては，時系列に沿った生活の流れをイメージし，予想される問題を掘り起こし，そのための環境の構成や援助を考えておいた方が，安心して保育に臨むことができるだろう。クラス経営としても，それが先決である。

実際に，子どものやる気を起こして動きをつくるには，コツがあることも事実である。片付けに気持ちが向いて全体が動き出すには，どのような言葉がけや取りかかりがいいのか，子どもが先生の話に興味をもつ話し方

表12-1　保育指導案（例）

△△△△年6月18日　天気（晴れ）4歳児 つき組　男児15名・女児10名　計25名	担　任　○○　○○ 副担任　○○　○	園長印

子どもの姿	トラブルの際，互いが思いを出し合う姿が見られ，さらに友だちのアドバイスに耳を傾ける様子も見られる。その他，生活場面で気が付いたことを伝え合う姿もあり，子ども同士のネットワークが広がってきている。 　　ごっこ遊びでは，保育者の用意したものからアイスクリームのコーンをつくったり，ジュースを思いついてつくったりする姿があり，それがお店屋さんごっこにつながってきている。
ねらいと内容	◎困ったことや気付いたことを，伝え合う。 ・その出来事についてどう思うか，考える機会をもつ。 ・他の友だちの意見に耳を傾ける。 ◎友だちとイメージを合わせながら工夫してつくり，ごっこにつなげていく。 ・製作コーナーにある素材を使って，遊びに必要なものをつくる。 ・つくったものを使って，場づくりを楽しむ。

時間	予想される子どもの活動	環境の構成・援助
8：30	保育者とあいさつを交わし，朝の身支度をする。 ・身支度をせずに，遊んでしまう子がいる。 ・すぐに手が止まってしまって，ぼーっとしている子がいる。	・一人ひとりの子どもをあいさつで迎えながら，視診を行う。 ・昨日の遊びを話題にして，次に期待をもたせていく。 ・声をかけながらリズムよく一つ一つが終わっていくようにする。 ・終わった子どもを，外遊びに誘う。
9：00	好きな遊びに向かう。 ・泥遊び（K，Y，H） ・団子の形をつくり，固くすることにこだわった姿が見られる。 ・ごっこ遊び	・一緒に団子をつくる。 ・形の美しさや固さに共感していく。 ・欠けてしまったら，水で修正できることを伝えていく。

とはどのようなものか，そういったことを保育技能として体得していく必要がある。

　イメージしたことがうまくいけば，それは自分の保育技能のストックになり，うまくいかなければ，試行錯誤が続く。指導案を立てる営みは，それを明確化することである。これは，案通りに実践するためものではなく，自分のイメージと実際のズレをていねいに埋めていく作業である。保育は，不断の仮説―検証の営みであり，P（plan＝計画），D（do＝実践），C（check＝評価），A（act＝改善）サイクルの実践によって進んでいく。そのPの部分が，まさしく日案（ねらいと援助を明記したもの）なのである。

（2）「保育マップ型記録」の様式

　表12-1の様式は，保育の中心的活動である遊びを構想するには，不十分な点がある。まず第一に，クラスの遊び全体が俯瞰できないということである。担任保育者は，クラス全員の子どもに責任を負っている。したがって，クラス全員の子どもが，いつ，どこで，何をしているのか把握していなければならないし，それぞれの遊びについて，見通しや展望，課題を見出していなければならない。

　全体は，それぞれの遊び（部分）からなり，それらの遊び（部分）が全体を構成する[2]。それらの関係性が，この指導案の形式では見えてこない。同時多発的な出来事の進行状況を捉え，優先順位を立てて考えること，すなわち保育を「構想する」ことが，保育者には求められる。そのためには，全体を捉える俯瞰的な視点が必要である。

　また，この様式では，子どもの動き→保育者の動き，といった一対一対応の書き方になってしまうため，保育者のその遊びに対する実態把握と，そこから導き出されるねらいや課題性が，まとまった形で見えてこない。（新人の保育者が）近視眼的に見えたところをとりあえず書く，ということの繰り返しでは，保育を構想する能力を上げていくことは難しい。

　河邉は，保育を構想する上で有効な保育記録の様式として，「保育マップ型記録」を発案している。これは，クラスの全体と部分を同時に把握で

き，自分の捉え方，課題，ねらい等が一目で分かるものである。河邉は，ここで記録する内容として，以下の5点を挙げている[3]。

①幼児の言動から，「遊びのどこに面白さを感じているか」「何を経験しているのか」などの志向性を読み取ろうとしていること。

②その際，「他者との関係」「物・空間などの環境との関係」を視点にしていること。

③幼児の志向の延長上に，「次に必要な経験は何か」を読み取ろうとしていること。

④その際，それぞれの遊びの関係性を空間俯瞰的に視野に入れ，関係性が顕在化していれば書き込むこと。

⑤これらの理解の上で導き出される「保育者の願い」と，それに基づく援助の可能性が示されていること。

ここでは，この「保育マップ型記録」を土台にした日案として，指導案「園庭」（図12-1），指導案「保育室」（図12-2）を紹介する。

この日案は，保育歴25年以上のベテランかつ有能な保育者の手によるものであり，さらに公開保育のために書かれた（気合いの入った）ものである。河邉のいう，①から⑤の視点によって保育を見ていることが分かり，クラスの「今」がよく分かる内容になっている。とくに，保育室の遊びは，イメージをもってつくることやフリをすることなど，子どもの素朴な表現が詰まった遊びが多い。それを支える視点として，素材，空間づくり，人間関係，イメージの共有など，その遊びの課題となるところに焦点をあてて，保育を構想していることが分かる。

この記録様式の利点は，保育者の見えていないところがよく分かる点である。例えば，園庭の遊びは，新人保育者にはとても見えにくい。広い上に，他の学年も空間を共有するため，子どもがバラバラになりやすいからである。「保育マップ型記録」は，子どもが意味をもってつながっているまとまりとして見えないと，書けない記録である。10月（就職して半年）に新人保育者が書いた指導案は，まさしくそれが見えていないものだったため，「書けてない」と指摘すると「そのとおり」とうなずいた。現実に，

ほし組（園庭）

◎ねらい　・援助

＜泥警（鬼遊び）＞

RI, KT, HA, TK, NY, MR, IH, FH

　警察の檻を陣地として，捕まえる警察（赤のたすき）と，逃げる泥棒（青のたすき）に別れて遊ぶ。警察と泥棒を，その時の気分でたすきを変えてそれぞれが楽しんでいる。年長児への憧れの気持ちも手伝って，たすきを掛けて誇らしそうに遊ぶ様子がある。

　泥警のもつ緊張と解放の面白さを十分に味わい，友だちと遊ぶ楽しさを感じてほしい。

> ◎身体を思い切り動かして遊ぶ。
> ◎泥警の緊張と解放を十分に楽しむ。
> ・保育者が加わって泥警にメリハリをもたせたり，警察役と逃げる泥棒役の間で緩急をつけたり，泥警の面白さを知らせていく。
> ・遊びの場がしぼまないよう，警察の檻のラインを引くようにする。

＜陣取り＞

RI, KT, HA, AT, KN, YY, YS, RH, RI, HF, HO

　運動会のクラス対抗の玉入れの勝負が，そのまま陣取りの勝負に移行し，つき組対ほし組で楽しんでいる。旗を用意したことで，勝敗の流れが子どもたち自身に分かって，「がんばるぞ！おーっ！」のかけ声も上がっている。ジャンケンの勝ち負けを，子どもたち自身で知らせ合えるようになってほしい。

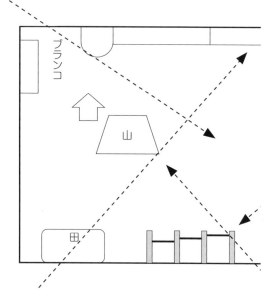

＜チアダンス＞

AT, AK, YI, NA, ST, SH, SM

　運動会の年長児の姿への憧れから，運動会後に"若草応援団"のチアダンス，旗のパフォーマンスをまねて，2歳児から年長児までが一緒になって楽しんでいる。普段，自分のやりたい気持ちをあまり表に出そうとしない AT, ST が旗振りやダンスに自分から加わって楽しんでいるので，しっかりと支えていきたい。2歳児もいる中で，旗の竿が当たる危険があるため，十分に間隔を空ける等の援助も行いたい。

> ◎華やかさを感じながら，リズムに乗ることを楽しむ。
> ・それぞれがリズムに乗って楽しめるよう，十分に間隔をとる援助を行う。
> ・2歳児もいて，ポンポンが無造作に置かれ，場が崩れていくことが予想されるので，様子を見て，整えていくようにする。

図12-1　保育マップ型記録（例）：指導案「園庭」

◎ 同じチームの友だちと，息が合う心地よさを感じる。

・子どもたちの気持ちの波を見ながら，旗の数を知らせ，勝敗の流れを伝えて，ゲームにメリハリがつくようにする。
・友だちの動きを見ることを声かけする。

<忍者試験(雲梯・鉄棒・ボール投げなど)>
<u>KT</u>, <u>HN</u>, KS, AK, <u>RH</u>, RN

クラスの友だちが中級，初級忍者試験に合格したことで，"挑戦してみよう"，"やってみよう" という意欲が高まっている。
友だちが挑戦している様子を見ながら，リズムや動きをまねようとする動きがある。
KS や AK は，"やってもできない"，"面白くない" の気持ちからやろうとしない様子だったが，今，そこを乗り越えようとする様子が見られているので，副担任と連携しながら，援助していきたい。

◎ 身体を動かすコツをつかむ。
◎ 意欲をもって，挑戦しようとする。

・雲梯や鉄棒の前回りを自分のものにして楽しんでいる友だちや年長児をモデルにして，リズムやコツを知らせていく。
・難しいことに挑戦している姿を捉えて，認めていく。

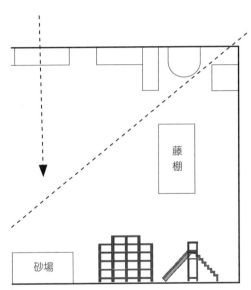

<さら粉づくり>
<u>YY</u>, <u>SM</u>, YA, NY, MY, IM

土を集める場所によって，できるさら粉の感触や色が違うことを楽しんでいる。細かく質のいいさら粉ができる場所を，友だちと情報を交換しながら，楽しんでいる。「次の日にも続けて…」という気持ちから，集めたさら粉を，雨に濡れないところを探して隠す姿もある。今後，集めたさら粉を使って，泥団子づくりへと，発展させていきたい。

◎ 土の色や感触，質の違いに気付く。
◎ 友だちと情報を共有し，試行錯誤することを楽しむ。

・友だちと情報を共有し，発信し合う動きを認めていく。
・遊びの様子を見ながら，道具や台を遊びの場の近くに置くようにする。

（アルファベットは幼児の名前。下線があるのは男児）

142　第12章　子どもの表現を支える指導計画

ほし組（保育室）
◎ねらい　・援助

＜製作遊び＞
YM, KS, YY, YS, AT, KN, SM, AM, RN, YI, YM, ST, SH

　遊びに必要なアイテムを，いろいろな素材を使って，試行錯誤し，つくる姿がある。保育者が用意した教材の切り紙を使って，人形や家をつくったり，厚紙を切って道路をつくったりする動きもある。製作コーナーの机の上が乱雑になり，試行錯誤の妨げとなってしまう様子があるので，場を整えていきながら，子どもたちの試行錯誤の動きを支えていきたい。

◎いろいろな素材を使って，試行錯誤し，つくることを楽しむ。
・つくることが予想されるものをイメージして，素材，教材，パーツを準備する。
・子どものつくる動きを支えながら，机の上を整理していく。
・それぞれのつくりたいもののイメージに合う素材，パーツを提案していく。
・細部までこだわってつくっている友だちの姿や工夫してつくっている部分を，周りの子どもたちに知らせていく。

＜ピザ屋さんごっこ＞
YY, YS, AK, RI, AT, KN, HM, AW, RI, NR, NM

　積木でピザを焼く窯をつくり，廃材でつくった大きなヘラで出し入れするフリを楽しむ子ども，製作コーナーでピザをつくることを楽しむ子ども，ウエイティングスタッフになって接客を楽しむ子ども，お客さんになる子ども

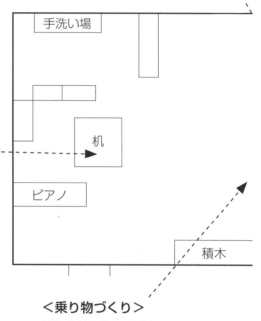

＜乗り物づくり＞
KT, HA, RH, YM, KN, ST, SH

　KT, HA, RH が中心となって，大型積木，小型積木で場をつくり，ごっこ遊びの拠点として遊んでいる。遊びの流れ，その時のノリで，パトカーやロケット，ヘリコプターに変化する。友だちとイメージをすり合わせて遊べるようになり始めている。

図12-2　保育マップ型記録（例）：指導案「保育室」

等，それぞれが自分のやりたいことを楽しみながら，友だちとイメージを共有し，刺激し合って遊ぶ姿が見られている。それぞれのやりたいことを十分に楽しめるよう，空間や素材，教材を十分に確保していきたい。
　友だちとのかかわりが多くある分，自分の思いと相手の思いでぶつかる様子があるので，様子を見ながら間に入り，援助していくようにする。

◎友だちとイメージを共有しながら，やりたいことを十分に楽しむ。
◎友だちの思いに気付く。

・ままごとの道具を出し過ぎて，場が崩れてしまうことが予想されるので，遊びのやりとりを壊さないように場を整えていく。
・空間や素材，教材を十分に確保する。
・子ども同士のやりとりにアンテナを立てながら，必要に応じて間に入り，気持ちの橋渡しをしていく。

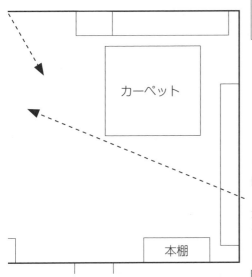

＜ポテト，かき氷屋さんごっこ＞
HF，HO，AT，ST，SH

　ピザ屋さんごっこに刺激を受け，素材から発想して工夫し，新たなお店屋さんをつくり始めている。場所選び，場づくり等も試行錯誤する様子があるので，形となるように支えていきたい。

◎場づくり，ものづくりを試行錯誤することを楽しむ。

・空間を確保できるよう，それぞれの遊びの場を整えていく。
・遊びの様子を見ながら，お店屋さんをしていることが分かるよう，場づくりの道具，身に付けるもの等を提案していく。

◎友だちと共通のイメージをもって遊ぶことを楽しむ。

・保育者も遊びに加わりながら，それぞれのイメージを周囲の子どもに伝えていく。
・使っていない積木を整理する等，場を整えていく。

（アルファベットは幼児の名前。下線があるのは男児）

朝，不安を示して大泣きしていた子どもの援助と，その他の子どもの援助に追われて，いたし方ない部分はあった。しかし，「遠くから，だれがどこで何をしているのか，一度でも見たのか」という質問には，答えられなかった。やむをえない理由があったとしても，できることがあるということに気付いたからであろう。その次にその新人保育者が書いてきたものは，きちんとクラスの子どもの状態が分かるものであった。部分を構成して全体を書くという様式がもつ力だろう。

（3）「保育マップ型記録」による日案を可能にする遊びの園文化

「保育マップ型記録」による指導案は，見えていないと書けないということ以上に，私たちに投げかけている問題がある。それは，遊びがないと書けないということである。つまり，一斉活動（クラス全体の活動）中心の園では，遊びがないので書くことができない。同時多発的に意味の異なる出来事が起こっていないので，書きようがないのである。とくに，一斉活動中心の園は，子どもがそれぞれに環境を選んで動き出すという状況性を，保育者が感覚的に知らない。遊びといっても，およそ保育者が名付けたものであり，「お店屋さん」「レストランごっこ」とほぼ内容を決めて，ほとんど道筋を立てて行っている。

また，放任的な遊び保育でも，書くことが困難である。放任的な遊び保育は，子どもが刹那的に気分で動くという特徴をもつ。したがって，1人の子どもがあらゆる地点にいて，それも10分くらいで内容を変えていたら，それを一枚の紙面に書くことは不可能であるし，書いたところで意味不明である。

「保育マップ型記録」による子どもの実態把握は，子どもが園の環境を自ら使いこなす動きに支えられている。それをつくり出すのは，遊びの園文化である。「あそこで，○○ができる」「あそこでは，○○をしている」という遊びの地図が子どもの中に形づくられ，それが次代へと受け継がれていくことによって，遊びの園文化は形成される。この文化の形成において大切なのは，小川がいうように「空間の利用における恒常性」[4]である。

例えば，図12-1の指導案（園庭）での，さら粉づくりは，意図的に粘土質の土を置いてある場所である。ここでは，土が乾燥するときめの細かいさら粉をたくさんつくることができる。場所の特質が，子どもの遊びの動きを生んでいる。また，陣取りの場所は，いつも4歳児が中心となって，鬼遊びを展開する場所である。

こうした，空間の利用における恒常性は，保育者が意図的に長い期間をかけて子どもとつくっていくものである。鬼遊びの範囲づくりも，最初は保育者が行っていたが，だんだん子どもが自分たちでできるようになった。最初は，どう考えても狭すぎるドッジボールのコートを描いていたが，案外それで長い時間楽しんでいるので，逆にこちらが子どもにとって何が面白いのか学ぶことができる。そうして，回を重ねていくと，遊びにふさわしい広さを自分たちで描けるようになる。

空間づくりの恒常性と共に大切なのは可変性である。いつも変わらず同種の遊びが行われている場所と，新しいことが起こる場所のバランスが活気を生む。図12-1のチアダンスの場所は，運動会明けから，ほし組の担任保育者が思いついた場所であり，これまで使っていたダンスの場所よりも，広く使えて盛り上がりを支えることができた。恒常的にダンスが行われている場所よりも，彼らの保育室から比較的近いということも利点である。これから先，子どもの遊びの地図に加わる場所になるだろう。また，時期によっても，園庭の様相は変わる。特に9月から10月の運動会の時期は，園庭にリレーのトラックが引かれる。そうすると，子どもの心は一気に運動会モードへと切り替わっていく。子どもの遊びの地図は，空間的にも時間的にも形成されていくものである。

このような，保育者と子どもによって形づくられる遊びの地図が，毎年受け継がれていくことによって，遊びの園文化は形成される。これがあって初めて「保育マップ型記録」を書くことができる。見えていない新人保育者が短期間で書けるようになるのは，その園文化に支えられているからである。その意味では，「保育マップ型記録」は，遊びの園文化があるかないかの試金石として働くものといえるだろう。

4. 実践の評価と反省

　保育は，不断の仮説―検証の営みであり，それは，PDCAサイクルによって展開する。したがって，指導案を立てて実践したあとは，その評価，反省が必要である。図12-1，2の指導案を書いたYNの評価・反省は，次のようなものである。この日は，公開保育で11時30分降園だったので，園庭の保育が中心であった。

事例12-1　10月26日の保育について（評価）　ほし組担任　YN

●評価

　当日は，戸外での遊びが中心となり，遊びが展開する。前の週から，「たくさんの先生たちがみんなのすてきな姿を見にくるからね」と話していたことや，子どもたちと一緒に保育室を掃除したこと，また，当日の保育者や園全体の雰囲気から感じ取ったものがあったようで，子どもたちの中に，「自分たちの姿を見てもらう"はれの日"」の要素が高まり，意欲的に遊びの輪に参加していく姿が見られた。

　朝一番，泥警（鬼遊び）や陣取りを投げかける前に，子どもたちの方から，"走る"動きが出る。コーンを用意すると，スタートラインからコーンを回って，次に走る友だちにタッチするミニリレーのような遊びがしばらく続く。この動きも「運動会で走って速かった，自分たちのすてきなところを見てほしい」という気持ちの表れだと感じた。その後，遊びの波を見ながら，泥警へと移行していく。泥警の場も子どもたちと一緒にラインやたすきを用意することで，自分たちの遊びという雰囲気が生まれていた。泥警の動きの中で，警察の仲間数人で挟み撃ちの動きを楽しみ始める姿が見られた。そこを支えるためにあえて同じコースを逃げるようにしたことがよかったようで，同じ動きを友だちと何度も楽しみ，保育者を捕まえた時にはとても誇らしげな表情を見せていた。遊びの拠点となる白線の檻も，子ども同士がタッチしやすい大きさにすることができた。また，その時の子どもの人数や，警察の赤のたすきを泥棒のたすきより少なめに出す等，遊びの様子に応じてたすきの数を変えることも意識して行ったことで，遊びをうまく支えることができたように思う。その後，副担任の援助で泥警から陣取りへと移行する。

　チアの場は，戸外遊びの後半の時間帯に出す。遅れて出したことで，子ども

> たちが意欲を溜めて始まったという様子があり，主となる子どもに声をかけると，ポンポンを自分たちで運んで行く姿が見られた。また，見ている先生たちを意識して，普段とは反対の向き（ホール側を背にして）で踊り始める様子もあった。チアに参加する子どもの人数が増えていくことで，いつもと同じ山側を背にダンスの場が広がっていった。チアの様子を見ながら用意していた旗も出そうとするが，旗が1本折れてしまう。また，山の上で旗を振るようにしたが，その動きに誘われてポンポンの子どもや2歳児も次つぎと山へと上がっていってしまったため，旗をしまうようにした。安全面からの環境としては，山の片方を封鎖して反対側に保育者が待機する形をとった方がよかったように感じた。
> 　当日，子どもたちの遊びの様子を見ていきながら，遊びの環境を用意することができたように思うが，中心で遊んでいる子どもへの援助が主で，園庭の周辺で遊んでいる子どもへの声かけや援助があまりできていなかったと感じる。この日に指導案にあげていた子どもについては意識することができていたが，固定遊具や砂場等にいた子どもの動きを把握することができていなかった。中心の遊びを支えながら，周辺の子どもたちへの援助やルールのある遊びへの誘い等，意識して行っていきたい。
> 　遊びのあとの生活の場面でも，見てもらうという気持ちが強く，普段なら靴を脱いだままの子どもが数人いるが，当日は意識して行う様子が見られた。お帰りでは，普段と帰る時刻が違ったため，時計を見せて知らせたことで，子どもたち自身が時間を意識し，保育者に知らせる等，お帰りに気持ちが向く様子が見られた。また，歌も「きのこ」ではなく，「おばけなんてないさ」を歌いたいという子どもたちの声に合わせて変更して，歌うようにした。"自分たちの生活"という様子が普段よりも強かったように感じた。最後にYが泥団子をつくったことを紹介したため，この日の後，泥団子づくりが始まった。
> 　普段と違った環境の中で，水筒のお茶が熱くて飲めないこと，水筒を忘れてきたこと，たくさんの人に見られて不安であること等，子どもたちの側から保育者に訴えてくれ，それらに対処できたのは，日々の積み重ねで得ることができたつながりだと感じた。これからも，日々を積み重ねていくクラス経営を意識して行っていきたい。

　この評価から分析できる保育の質の高さについては後述する。次に，ここから導き出された反省と今後の手だてを見ていこう。

事例12-2 10月26日の保育について（反省,今後の手だて）　ほし組担任　YN

●反省
・指導案を通して，それぞれの遊びへの具体的な援助や保育者の願いを共通意識とすることで，それぞれの遊びの場に対する援助を，副担任，学年の先生と連携し，行うことができた。
・学年間でバスのチェックの時間をずらすことを意識したり，遊びの場から離れる時に声をかけ合ったりすることで，泥警，陣取り等の遊びを持続させることができた。
・中心で遊んでいる子どもへの援助が主で，園庭の周辺で遊んでいる子どもへの声かけや援助があまりできていなかった。
・生活の場面で，子どもたちで動く姿がよく見られていた。必要のない時には，保育者は出過ぎないようにしていきたい。
・お帰りの時間で遊びの様子を知らせることで，遊びが子どもたちの中に共通認識されるのを感じた。お帰りやお集まりについては，遊びをつなげる場と意識して，もっと利用していきたい。

●今後の手だて
・指導案のように，それぞれの遊びに対し，こういう方向へ向かわせたい，こういう援助を行いたいと，具体的な考えを伝え，意見をもらって，学年，クラスで連携して援助を行っていくようにする。
・中心となる遊びを支えながら，周辺の子どもたちへの援助や，ルールのある遊びに誘うことを意識して行っていくようにする。
・泥警の中で，警察のタッチの手をかわす等の複雑な動きは，保育者がモデルとなって誘っていくようにする。
・お帰りの時間に，泥警での"友だちと連携して泥棒を捕まえる動き"や，"警察のタッチをかわす動き"等ができていた子どもを紹介する等して，動きを誘っていく。
・生活や遊びの場面で子ども主動にしたり，その時の様子に応じて保育者が前に出たりすることを意識して行うようにする。

　ここでは，自分の保育の振り返りから，よかったこと，課題となったこと，思いついたことが具体的に語られている。これらは，次の保育に生かされていくだろう。指導案を立てること，自分の実践を振り返ること，そこから次の手だてを考えて実践すること，すなわちPDCAサイクルの営みが，確かな保育をつくっていくといえる。

しかし、こうした営みは一保育者のレベルで完結してしまうため、その保育者自身の枠を広げていくには課題が残る。その意味で、保育の質の向上には、第三者の視点が必要である。次項では、そのことについて考えていきたい。

5. 保育の質の向上と第三者の視点

(1) 保育の質

保育は、その成果をテストなどによって数値化できないので、何がよい保育で、何がよくないのか、はっきり示すことは難しい。しかし、質の高い保育があるのは事実である。以下に、事例12-1の評価から分析できる、保育の質の高さを考えてみる。

① **クラス全体の雰囲気をつかみ、子どもの意欲の方向を探っている。**

担任保育者は、子どもたちが事例の日を多くの人に見てもらうはれの日だと感じて意欲的に過ごす姿を、さまざまな場面から読み取っている。まず、「見せたい」という意欲が「走りたい」につながった動きを（指導案の泥警よりも）優先して、コーンという物的環境を出し、走る先のターゲットと友だちとのやりとりを引き出して、その動きがまとまりをもつように援助している。

また、生活場面で靴をきちんと片づけたり、時間に見通しをもって動こうとする姿、4歳児だけが全園児に向けて歌う「おばけなんてないさ」をお帰りの時に選ぶ姿から、子どもの「見てもらう」意欲が生んだ自立的な姿を読み取っている。

非日常的な条件が生み出す可能性を視野に入れ、クラス全体の雰囲気をつかむという保育者の能力は、それを大切にする、あるいはケアするという構えをつくる。それが、出来事をキャッチし、支えるという動きにつながっていく。クラス経営においては、重要な能力である。

② 環境を通した間接的な援助に，手応えを感じている。

とくに，泥警の場面において，遊びの準備，檻の広さ，たすきの数など，物的・空間的環境に働きかけることや，"挟み撃ち"という子どもの戦略を確かなものにしていく保育者の動き（人的環境としての動き）に，手応えを感じていることが記述から読み取れる。

このような間接的な援助のよさは，子どもたちが，自分たちで世界をつくっているという感覚が長く続くことにある。しかし，これは簡単なことではない。例えば，檻の広さは，入る子どもの人数や動きの予測から算出される。広すぎるとあっという間に泥棒が助けられて逃げてしまうし，狭すぎるとキツキツで，助けを求めて周りを見る動きが阻害される。たすきの数も，警察が多くなると，あっという間に全員が捕まってしまって面白くない。たすきの数が，遊びのバランスを決める。このようなことは，保育者には予測できて，子どもにはできないことである。また，挟み撃ちの動きを繰り返させるために，同じコースを走るということも，子どもはしない。チアの場面での，時間や空間に対する保育者の配慮も同様である。

間接的な援助は，子どものできることとできないことを見極め，保育者として何ができるか考えることである。子どものできない部分を支えることによって，子どもは自分の動きに集中することができる。それは，工夫して追いかけること，工夫して助けること，工夫して逃げることである。その環境的な条件を保育者が整えたのである。これは，まさしく遊びを支える保育の専門性であるといえる。

③ 長期指導計画の流れが意識されている。

事例の10月26日は，7日に開催された運動会からおよそ3週間後で，運動会の流れがまだ薄く残っている時期である。保育者は，4歳児がもつ5歳児への憧れを軸に保育を進めている。それが，チアの遊びである。筆者の園では，運動会で5歳児が係り活動をする。4歳児は，「自分が5歳児になったら何をしようか」という憧れをもち，まるで獲物を見るような目で5歳児の活動を見ている。その中でも，とくにチアダンスは人気である。保育者は，この意欲が表現として形になるよう，園庭に環境を整え，

自由な遊びの中で5歳児に教えてもらう機会をつくってきた。

また，最初の"走る"場面をタッチ方式にしてミニリレーにしたのも，5歳児のリレーを視野に入れたものである。4歳児の種目に合わせてゴールを決めるというやり方もできたであろう。彼らのもつ憧れと次への期待を軸にして，環境を構成したのである。本当にちょっとしたことで子どもの体験の質は変わる。年間を通して見る中で，その時期にできることを考えられることが，教育としての質の高さを生んでいく。

以上3点の他にも，ある遊びを子どもたちに紹介して子ども同士のネットワークを広げ，新たな動機形成を誘発したこと，保育者同士の連携を通して保育を考えたことなど，保育の質の高さを示す内容が書かれている。

こうした能力は，経験や立場が形づくっていくものではあるが，一人でなし得るものではない。このことについて，新人保育者の記述から考えてみたい。

(2) 一人の限界

新人保育者の同じ日の評価・反省には次のような記述があった。

> **事例12-3　10月26日の保育についての新人保育者の評価・反省①**
>
> 「オオカミさん今何時」と言ってオオカミに近づいていく理由として，「オオカミさんが宝石を持っているから取りにいこう」と言い，一緒にオオカミに近づいたのだが，こっそり近づいていくわけではないので，理由としては，おかしかったのではないか。オオカミに近づいたり，お家に逃げたりする子どもの行動への理由付けの言葉がけの難しさを感じた。

この遊びは，子どもが「オオカミさん今何時」と少し離れたところからたずね，鬼のオオカミが答えた時間の数だけ鬼に近づき，鬼が「12時」と言ったら一斉に逃げるという遊びである。ここで大事なのは，いかに鬼に近づく緊張感とそこからの解放感を味わって遊ぶかである。「こっそり」と小さな声で忍び寄ることも，遊びを面白く演出できそうであるが，ここ

では,「こっそり」と「声を出して近づく」ことが矛盾していると感じ,その理屈の方が気になっている。

遊びの楽しさがどんなふうにつくられていくのか,まだよく分かっていない新人保育者故の反省であろう。この反省のままに,子どもがオオカミに近づく理由をあれこれ考えるのは,得策ではない。むしろ,子どもたちが理由づけをエッセンスにどう楽しんだのかを捉えるべきである。

別の例を見てみよう。

事例12-4　10月26日の保育についての新人保育者の評価・反省②

> クラスの実態に合わせ,保育をしようと心がけていたが,忍者試験においては参加する子どもが見られなかった。忍者試験については,時折お話をして興味はもっているようだが,それを引き出せず,その日を終えてしまった。子どもはその日によって興味を示すことが違うということもあるが,指導案に忍者試験を入れていたのに実行できなかった。その部分は指導案を立てた意味がなかったのではないか。

忍者試験とは,筆者の園独自の基礎的運動能力を上げていく取り組みである[5]。好きな時に,好きな項目に挑戦することになっており,3歳児学年の運動会明けから取り入れる。この日,泥遊びと「オオカミさん今何時」が盛り上がり,あとは,固定遊具で遊ぶ子どもがいて,確かに忍者試験に向かう子どもの姿はなかった。しかし,「実行できなかったから,指導案を立てた意味がない」と解釈するのは妥当ではない。ここでは,指導案とは,保育者の仮説─検証を導く重要なツールであることを伝えていく必要がある。

以上のように,実践の解釈の仕方が違ったままで,評価・反省を繰り返すのは生産的ではない。つまり,保育の質の向上においては,他者の視点を取り入れていく必要があるということである。これは,園長を含め,すべての保育者にいえることである。

（3）様々な他者の視点

　第三者の視点を取り入れていくこと，すなわち，自分の実践を他者に開いていくことが，保育の質の向上には必要である。それには，例えば以下のようなたくさんの取り組みがある。
　①園内の保育者の視点：園内研修，職員会議，ミーティング等
　②保護者の視点：連絡帳，保育参観，行事等
　③専門家の視点：園内研修，講演会等
　④他園の保育者の視点：公開保育，研究協議会等
　⑤その他：観劇，演奏会等，かかわりのある他分野との接点
　保育は，その保育者の出来事に対する解釈の仕方が色濃く反映される。したがって，その解釈を導いている本人の考え方や視野の広さ・狭さは，常に相対化していくべきものである。その意味で，さまざまな他者の視点に触れ，自分という存在を折り込んでいくことが大切である。
　同時にこれから先，その園自体が保育を相対化していく機会が重要になってくる。保育の質が，厳しく問われる時代になるからである。そこでは，公開保育が大きな意味をもってくるだろう。保育は評価を数値化できず，評価項目自体を共通に導き出すことが難しい。豊かな保育は，その地域性や文化に支えられており，簡単に一般化できるものではない。自園の課題性を明確にし，それを他者に問い，共に保育の価値を見出せるような公開保育のあり方が求められている[6]。

6．表現を主とする行事と指導計画

　保育における学びの成果は，表現の形をとることが圧倒的に多い。それは，作品展，音楽会，生活発表会など，行事を通して発表される。また，季節に応じた行事も，描画や造形，音楽，身体表現を通して行われる。表現の形をとることが多いのは，子どもの遊びの多くが表現する喜びが中心であるからであり，まだ言葉が未熟で物事を分析したりまとめたりするこ

とが難しいからであろう。

　園の生活は，季節やその園の培ってきた文化としての行事を節目として営まれる。長期指導計画（年間指導計画，月間指導計画等）は，子どもが営んでいる生活を園の文化として先取りした時間的環境の構成であり[7]，園生活を営んでいく指標となるものである。

　一般的に見て，行事のために保育者がほとんどすべてを設定して練習させる取り組みが少ないわけではない。しかし，それでは子ども自身の達成感や充実感を支える保育とはならない。子どもの遊びや生活の全体を通して，意欲的に学びの節目に向かう指導，援助が求められる。

　日案は，子どもの実態から仮説を導き出し，それを実践の中で検証し，また新たな仮説を導き出していくものである。つまり，一日一日，前に前にと進んでいくものであるが，それがどこに向かっていくのか分からなければ，暗中模索に陥る。その向かっていく方向を示すのが，長期指導計画である。今年の運動会に向けて，どんな子どもの姿をイメージし，子どもにどのような体験を組織していくのか，作品展や生活発表会にどのように取り組んでいくのか考え，それを毎日の生活に落とし込んでいく。そこで，子どもの興味，関心，意欲の方向を捉え，自分の教育的意図との間で試行錯誤しながら，日々積み重ねていくのが質の高い保育といえるだろう。

 まとめの課題

1．実習園では子どもがどのような遊びを楽しんでいたか，エピソードを書いてみよう。
2．実習が終わったら，「保育マップ型記録」を書いてみよう。
3．実習で書いた時系列の記録と「保育マップ型記録」を比べてみよう。

引用文献

1）河邉貴子：保育記録の昨日と役割，聖公会出版，2013
2）堂本真実子：子どもの遊びをとらえる「全体的思考」の方法／河邉貴子・赤石

元子編：今日から明日へつながる保育，萌文書林，2009，pp.214-228
3）前掲1），p.191
4）小川博久：遊び保育論，萌文書林，2010，p.181
5）堂本真実子：進んで運動する子どもを育てる保育と援助／杉原隆・河邉貴子編：幼児期における運動発達と運動遊びの指導，ミネルヴァ書房，2014，pp.106-107
6）小川博久：保育援助論（復刻版），萌文書林，2010，pp.85-95
7）公益財団法人全日本私立幼稚園幼児教育研究機構　ホームページ：公開保育を活用した幼児教育の質向上システムECEQ（イーセック）（2018年12月2日）

学校教育法（抄）（平成30年6月1日法律第39号改正，平成31年4月1日施行）

昭和22年3月31日法律第26号

第二十二条　幼稚園は，義務教育及びその後の教育の基礎を培うものとして，幼児を保育し，幼児の健やかな成長のために適当な環境を与えて，その心身の発達を助長することを目的とする。

第二十三条　幼稚園における教育は，前条に規定する目的を実現するため，次に掲げる目標を達成するよう行われるものとする。
　　一　健康，安全で幸福な生活のために必要な基本的な習慣を養い，身体諸機能の調和的発達を図ること。
　　二　集団生活を通じて，喜んでこれに参加する態度を養うとともに家族や身近な人への信頼感を深め，自主，自律及び協同の精神並びに規範意識の芽生えを養うこと。
　　三　身近な社会生活，生命及び自然に対する興味を養い，それらに対する正しい理解と態度及び思考力の芽生えを養うこと。
　　四　日常の会話や，絵本，童話等に親しむことを通じて，言葉の使い方を正しく導くとともに，相手の話を理解しようとする態度を養うこと。
　　五　音楽，身体による表現，造形等に親しむことを通じて，豊かな感性と表現力の芽生えを養うこと。

幼稚園教育要領（抄）（平成29年3月31日改正，平成30年4月1日施行）

平成29年文部科学省告示第62号

第1章　総　則
第1　幼稚園教育の基本

　幼児期の教育は，生涯にわたる人格形成の基礎を培う重要なものであり，幼稚園教育は，学校教育法に規定する目的及び目標を達成するため，幼児期の特性を踏まえ，環境を通して行うものであることを基本とする。
　このため教師は，幼児との信頼関係を十分に築き，幼児が身近な環境に主体的に関わり，環境との関わり方や意味に気付き，これらを取り込もうとして，試行錯誤したり，考えたりするようになる幼児期の教育における見方・考え方を生かし，幼児と共によりよい教育環境を創造するように努めるものとする。これらを踏まえ，次に示す事項を重視して教育を行わなければならない。
　1　幼児は安定した情緒の下で自己を十分に発揮することにより発達に必要な体験を得ていくものであることを考慮して，幼児の主体的な活動を促し，幼児期にふさわしい生活が展開されるようにすること。
　2　幼児の自発的な活動としての遊びは，心身の調和のとれた発達の基礎を培う重要な学習であることを考慮して，遊びを通しての指導を中心として第2章に示すねらいが総合的に達成されるようにすること。
　3　幼児の発達は，心身の諸側面が相互に関連し合い，多様な経過をたどって成し遂げられていくものであること，また，幼児の生活経験がそれぞれ異なることなどを考慮して，幼児一人一人の特性に応じ，発達の課題に即した指導を行うようにすること。

　その際，教師は，幼児の主体的な活動が確保されるよう幼児一人一人の行動の理解と予想に基づき，計画的に環境を構成しなければならない。この場合において，教師は，幼児と人やものとの関わりが重要であることを踏まえ，教材を工夫し，物的・空間的環境を構成しなければならない。また，幼児一人一人の活動の場面に応じて，様々な役割を果たし，その活動を豊かにしなければならない。

第2　幼稚園教育において育みたい資質・能力及び「幼児期の終わりまでに育ってほしい姿」

1　幼稚園においては,生きる力の基礎を育むため,この章の第1に示す幼稚園教育の基本を踏まえ,次に掲げる資質・能力を一体的に育むよう努めるものとする。
　(1)　豊かな体験を通じて,感じたり,気付いたり,分かったり,できるようになったりする「知識及び技能の基礎」
　(2)　気付いたことや,できるようになったことなどを使い,考えたり,試したり,工夫したり,表現したりする「思考力,判断力,表現力等の基礎」
　(3)　心情,意欲,態度が育つ中で,よりよい生活を営もうとする「学びに向かう力,人間性等」
2　1に示す資質・能力は,第2章に示すねらい及び内容に基づく活動全体によって育むものである。
3　次に示す「幼児期の終わりまでに育ってほしい姿」は,第2章に示すねらい及び内容に基づく活動全体を通して資質・能力が育まれている幼児の幼稚園修了時の具体的な姿であり,教師が指導を行う際に考慮するものである。
　(1)　健康な心と体
　　　幼稚園生活の中で,充実感をもって自分のやりたいことに向かって心と体を十分に働かせ,見通しをもって行動し,自ら健康で安全な生活をつくり出すようになる。
　(2)　自立心
　　　身近な環境に主体的に関わり様々な活動を楽しむ中で,しなければならないことを自覚し,自分の力で行うために考えたり,工夫したりしながら,諦めずにやり遂げることで達成感を味わい,自信をもって行動するようになる。
　(3)　協同性
　　　友達と関わる中で,互いの思いや考えなどを共有し,共通の目的の実現に向けて,考えたり,工夫したり,協力したりし,充実感をもってやり遂げるようになる。
　(4)　道徳性・規範意識の芽生え
　　　友達と様々な体験を重ねる中で,してよいことや悪いことが分かり,自分の行動を振り返ったり,友達の気持ちに共感したりし,相手の立場に立って行動するようになる。また,きまりを守る必要性が分かり,自分の気持ちを調整し,友達と折り合いを付けながら,きまりをつくったり,守ったりするようになる。
　(5)　社会生活との関わり
　　　家族を大切にしようとする気持ちをもつとともに,地域の身近な人と触れ合う中で,人との様々な関わり方に気付き,相手の気持ちを考えて関わり,自分が役に立つ喜びを感じ,地域に親しみをもつようになる。また,幼稚園内外の様々な環境に関わる中で,遊びや生活に必要な情報を取り入れ,情報に基づき判断したり,情報を伝え合ったり,活用したりするなど,情報を役立てながら活動するようになるとともに,公共の施設を大切に利用するなどして,社会とのつながりなどを意識するようになる。
　(6)　思考力の芽生え
　　　身近な事象に積極的に関わる中で,物の性質や仕組みなどを感じ取ったり,気付いたりし,考えたり,予想したり,工夫したりするなど,多様な関わりを楽しむようになる。また,友達の様々な考えに触れる中で,自分と異なる考えがあることに気付き,自ら判断したり,考え直したりするなど,新しい考えを生み出す喜びを味わいながら,自分の考えをよりよいものにするようになる。
　(7)　自然との関わり・生命尊重
　　　自然に触れて感動する体験を通して,自然の変化などを感じ取り,好奇心や探究心をもって考え言葉などで表現しながら,身近な事象への関心が高まるとともに,自然への愛情や畏敬の念をもつようになる。また,身近な動植物に心を動かされる中で,生命の不思議さや尊さに気付き,身近な動植物への接し方を考え,命あるものとしていたわり,大切にする気持ちをもって関わるようになる。
　(8)　数量や図形,標識や文字などへの関心・感覚
　　　遊びや生活の中で,数量や図形,標識や文字などに親しむ体験を重ねたり,標識や文字の役割に気付いたりし,自らの必要感に基づきこれらを活用し,興味や関心,感覚をもつようにな

る。
　(9) 言葉による伝え合い
　　　先生や友達と心を通わせる中で，絵本や物語などに親しみながら，豊かな言葉や表現を身に付け，経験したことや考えたことなどを言葉で伝えたり，相手の話を注意して聞いたりし，言葉による伝え合いを楽しむようになる。
　(10) 豊かな感性と表現
　　　心を動かす出来事などに触れ感性を働かせる中で，様々な素材の特徴や表現の仕方などに気付き，感じたことや考えたことを自分で表現したり，友達同士で表現する過程を楽しんだりし，表現する喜びを味わい，意欲をもつようになる。

第3　教育課程の役割と編成等（略）

第4　指導計画の作成と幼児理解に基づいた評価
　1　指導計画の考え方
　　　幼稚園教育は，幼児が自ら意欲をもって環境と関わることによりつくり出される具体的な活動を通して，その目標の達成を図るものである。幼稚園においてはこのことを踏まえ，幼児期にふさわしい生活が展開され，適切な指導が行われるよう，それぞれの幼稚園の教育課程に基づき，調和のとれた組織的，発展的な指導計画を作成し，幼児の活動に沿った柔軟な指導を行わなければならない。
　2　指導計画の作成上の基本的事項
　(1) 指導計画は，幼児の発達に即して一人一人の幼児が幼児期にふさわしい生活を展開し，必要な体験を得られるようにするために，具体的に作成するものとする。
　(2) 指導計画の作成に当たっては，次に示すところにより，具体的なねらい及び内容を明確に設定し，適切な環境を構成することなどにより活動が選択・展開されるようにするものとする。
　　ア　具体的なねらい及び内容は，幼稚園生活における幼児の発達の過程を見通し，幼児の生活の連続性，季節の変化などを考慮して，幼児の興味や関心，発達の実情などに応じて設定すること。
　　イ　環境は，具体的なねらいを達成するために適切なものとなるように構成し，幼児が自らその環境に関わることにより様々な活動を展開しつつ必要な体験を得られるようにすること。その際，幼児の生活する姿や発想を大切にし，常にその環境が適切なものとなるようにすること。
　　ウ　幼児の行う具体的な活動は，生活の流れの中で様々に変化するものであることに留意し，幼児が望ましい方向に向かって自ら活動を展開していくことができるよう必要な援助をすること。

　　　その際，幼児の実態及び幼児を取り巻く状況の変化などに即して指導の過程についての評価を適切に行い，常に指導計画の改善を図るものとする。
　4　幼児理解に基づいた評価の実施
　　　幼児一人一人の発達の理解に基づいた評価の実施に当たっては，次の事項に配慮するものとする。
　(1) 指導の過程を振り返りながら幼児の理解を進め，幼児一人一人のよさや可能性などを把握し，指導の改善に生かすようにすること。その際，他の幼児との比較や一定の基準に対する達成度についての評定によって捉えるものではないことに留意すること。
　(2) 評価の妥当性や信頼性が高められるよう創意工夫を行い，組織的かつ計画的な取組を推進するとともに，次年度又は小学校等にその内容が適切に引き継がれるようにすること。

第5〜第7（略）

第2章 ねらい及び内容
表　現
〔感じたことや考えたことを自分なりに表現することを通して，豊かな感性や表現する力を養い，創造性を豊かにする。〕
1　ねらい
　(1)　いろいろなものの美しさなどに対する豊かな感性をもつ。
　(2)　感じたことや考えたことを自分なりに表現して楽しむ。
　(3)　生活の中でイメージを豊かにし，様々な表現を楽しむ。
2　内　容
　(1)　生活の中で様々な音，形，色，手触り，動きなどに気付いたり，感じたりするなどして楽しむ。
　(2)　生活の中で美しいものや心を動かす出来事に触れ，イメージを豊かにする。
　(3)　様々な出来事の中で，感動したことを伝え合う楽しさを味わう。
　(4)　感じたこと，考えたことなどを音や動きなどで表現したり，自由にかいたり，つくったりなどする。
　(5)　いろいろな素材に親しみ，工夫して遊ぶ。
　(6)　音楽に親しみ，歌を歌ったり，簡単なリズム楽器を使ったりなどする楽しさを味わう。
　(7)　かいたり，つくったりすることを楽しみ，遊びに使ったり，飾ったりなどする。
　(8)　自分のイメージを動きや言葉などで表現したり，演じて遊んだりするなどの楽しさを味わう。
3　内容の取扱い
　　上記の取扱いに当たっては，次の事項に留意する必要がある。
　(1)　豊かな感性は，身近な環境と十分に関わる中で美しいもの，優れたもの，心を動かす出来事などに出会い，そこから得た感動を他の幼児や教師と共有し，様々に表現することなどを通して養われるようにすること。その際，風の音や雨の音，身近にある草や花の形や色など自然の中にある音，形，色などに気付くようにすること。
　(2)　幼児の自己表現は素朴な形で行われることが多いので，教師はそのような表現を受容し，幼児自身の表現しようとする意欲を受け止めて，幼児が生活の中で幼児らしい様々な表現を楽しむことができるようにすること。
　(3)　生活経験や発達に応じ，自ら様々な表現を楽しみ，表現する意欲を十分に発揮させることができるように，遊具や用具などを整えたり，様々な素材や表現の仕方に親しんだり，他の幼児の表現に触れられるよう配慮したりし，表現する過程を大切にして自己表現を楽しめるように工夫すること。

保育所保育指針　（抄）(平成29年3月31日改正，平成30年4月1日施行)
　　　　　　　　　　　　　　　　　　　平成29年厚生労働省告示第117号

第1章　総　　則
　この指針は，児童福祉施設の設備及び運営に関する基準（昭和23年厚生省令第63号。以下「設備運営基準」という。）第35条の規定に基づき，保育所における保育の内容に関する事項及びこれに関連する運営に関する事項を定めるものである。各保育所は，この指針において規定される保育の内容に係る基本原則に関する事項等を踏まえ，各保育所の実情に応じて創意工夫を図り，保育所の機能及び質の向上に努めなければならない。
1　保育所保育に関する基本原則
　(1)　保育所の役割（略）
　(2)　保育の目標
　　ア　保育所は，子どもが生涯にわたる人間形成にとって極めて重要な時期に，その生活時間の大半を過ごす場である。このため，保育所の保育は，子どもが現在を最も良く生き，望まし

い未来をつくり出す力の基礎を培うために，次の目標を目指して行わなければならない。
　　(ｱ)　十分に養護の行き届いた環境の下に，くつろいだ雰囲気の中で子どもの様々な欲求を満たし，生命の保持及び情緒の安定を図ること。
　　(ｲ)　健康，安全など生活に必要な基本的な習慣や態度を養い，心身の健康の基礎を培うこと。
　　(ｳ)　人との関わりの中で，人に対する愛情と信頼感，そして人権を大切にする心を育てるとともに，自主，自立及び協調の態度を養い，道徳性の芽生えを培うこと。
　　(ｴ)　生命，自然及び社会の事象についての興味や関心を育て，それらに対する豊かな心情や思考力の芽生えを培うこと。
　　(ｵ)　生活の中で，言葉への興味や関心を育て，話したり，聞いたり，相手の話を理解しようとするなど，言葉の豊かさを養うこと。
　　(ｶ)　様々な体験を通して，豊かな感性や表現力を育み，創造性の芽生えを培うこと。
　イ　保育所は，入所する子どもの保護者に対し，その意向を受け止め，子どもと保護者の安定した関係に配慮し，保育所の特性や保育士等の専門性を生かして，その援助に当たらなければならない。

(略)

第2章　保育の内容
1　乳児保育に関わるねらい及び内容
　(1)　基本的事項
　　ア　乳児期の発達については，視覚，聴覚などの感覚や，座る，はう，歩くなどの運動機能が著しく発達し，特定の大人との応答的な関わりを通じて，情緒的な絆が形成されるといった特徴がある。これらの発達の特徴を踏まえて，乳児保育は，愛情豊かに，応答的に行われることが特に必要である。
　　イ　本項においては，この時期の発達の特徴を踏まえ，乳児保育の「ねらい」及び「内容」については，身体的発達に関する視点「健やかに伸び伸びと育つ」，社会的発達に関する視点「身近な人と気持ちが通じ合う」及び精神的発達に関する視点「身近なものと関わり感性が育つ」としてまとめ，示している。
　　ウ　本項の各視点において示す保育の内容は，第1章の2に示された養護における「生命の保持」及び「情緒の安定」に関わる保育の内容と，一体となって展開されるものであることに留意が必要である。
　(2)　ねらい及び内容
　　ア　健やかに伸び伸びと育つ
　　　健康な心と体を育て，自ら健康で安全な生活をつくり出す力の基盤を培う。
　　(ｱ)　ねらい
　　　①　身体感覚が育ち，快適な環境に心地よさを感じる。
　　　②　伸び伸びと体を動かし，はう，歩くなどの運動をしようとする。
　　　③　食事，睡眠等の生活のリズムの感覚が芽生える。
　　(ｲ)　内　容
　　　①　保育士等の愛情豊かな受容の下で，生理的・心理的欲求を満たし，心地よく生活をする。
　　　②　一人一人の発育に応じて，はう，立つ，歩くなど，十分に体を動かす。
　　　③　個人差に応じて授乳を行い，離乳を進めていく中で，様々な食品に少しずつ慣れ，食べることを楽しむ。
　　　④　一人一人の生活のリズムに応じて，安全な環境の下で十分に午睡をする。
　　　⑤　おむつ交換や衣服の着脱などを通じて，清潔になることの心地よさを感じる。
　　(ｳ)　内容の取扱い

上記の取扱いに当たっては，次の事項に留意する必要がある。
① 心と体の健康は，相互に密接な関連があるものであることを踏まえ，温かい触れ合いの中で，心と体の発達を促すこと。特に，寝返り，お座り，はいはい，つかまり立ち，伝い歩きなど，発育に応じて，遊びの中で体を動かす機会を十分に確保し，自ら体を動かそうとする意欲が育つようにすること。
② 健康な心と体を育てるためには望ましい食習慣の形成が重要であることを踏まえ，離乳食が完了期へと徐々に移行する中で，様々な食品に慣れるようにするとともに，和やかな雰囲気の中で食べる喜びや楽しさを味わい，進んで食べようとする気持ちが育つようにすること。なお，食物アレルギーのある子どもへの対応については，嘱託医等の指示や協力の下に適切に対応すること。

イ 身近な人と気持ちが通じ合う
受容的・応答的な関わりの下で，何かを伝えようとする意欲や身近な大人との信頼関係を育て，人と関わる力の基盤を培う。
(ア) ねらい
① 安心できる関係の下で，身近な人と共に過ごす喜びを感じる。
② 体の動きや表情，発声等により，保育士等と気持ちを通わせようとする。
③ 身近な人と親しみ，関わりを深め，愛情や信頼感が芽生える。
(イ) 内　容
① 子どもからの働きかけを踏まえた，応答的な触れ合いや言葉がけによって，欲求が満たされ，安定感をもって過ごす。
② 体の動きや表情，発声，喃語等を優しく受け止めてもらい，保育士等とのやり取りを楽しむ。
③ 生活や遊びの中で，自分の身近な人の存在に気付き，親しみの気持ちを表す。
④ 保育士等による語りかけや歌いかけ，発声や喃語等への応答を通じて，言葉の理解や発語の意欲が育つ。
⑤ 温かく，受容的な関わりを通じて，自分を肯定する気持ちが芽生える。
(ウ) 内容の取扱い
上記の取扱いに当たっては，次の事項に留意する必要がある。
① 保育士等との信頼関係に支えられて生活を確立していくことが人と関わる基盤となることを考慮して，子どもの多様な感情を受け止め，温かく受容的・応答的に関わり，一人一人に応じた適切な援助を行うようにすること。
② 身近な人に親しみをもって接し，自分の感情などを表し，それに相手が応答する言葉を聞くことを通して，次第に言葉が獲得されていくことを考慮して，楽しい雰囲気の中での保育士等との関わり合いを大切にし，ゆっくりと優しく話しかけるなど，積極的に言葉のやり取りを楽しむことができるようにすること。

ウ 身近なものと関わり感性が育つ
身近な環境に興味や好奇心をもって関わり，感じたことや考えたことを表現する力の基盤を培う。
(ア) ねらい
① 身の回りのものに親しみ，様々なものに興味や関心をもつ。
② 見る，触れる，探索するなど，身近な環境に自分から関わろうとする。
③ 身体の諸感覚による認識が豊かになり，表情や手足，体の動き等で表現する。
(イ) 内　容
① 身近な生活用具，玩具や絵本などが用意された中で，身の回りのものに対する興味や好奇心をもつ。
② 生活や遊びの中で様々なものに触れ，音，形，色，手触りなどに気付き，感覚の働きを豊かにする。
③ 保育士等と一緒に様々な色彩や形のものや絵本などを見る。
④ 玩具や身の回りのものを，つまむ，つかむ，たたく，引っ張るなど，手や指を使って

遊ぶ。
⑤ 保育士等のあやし遊びに機嫌よく応じたり，歌やリズムに合わせて手足や体を動かして楽しんだりする。
(ウ) 内容の取扱い
上記の取扱いに当たっては，次の事項に留意する必要がある。
① 玩具などは，音質，形，色，大きさなど子どもの発達状態に応じて適切なものを選び，その時々の子どもの興味や関心を踏まえるなど，遊びを通して感覚の発達が促されるものとなるように工夫すること。なお，安全な環境の下で，子どもが探索意欲を満たして自由に遊べるよう，身の回りのものについては，常に十分な点検を行うこと。
② 乳児期においては，表情，発声，体の動きなどで，感情を表現することが多いことから，これらの表現しようとする意欲を積極的に受け止めて，子どもが様々な活動を楽しむことを通して表現が豊かになるようにすること。

2 1歳以上3歳未満児の保育に関わるねらい及び内容
(1) 基本的事項
ア この時期においては，歩き始めから，歩く，走る，跳ぶなどへと，基本的な運動機能が次第に発達し，排泄(はいせつ)の自立のための身体的機能も整うようになる。つまむ，めくるなどの指先の機能も発達し，食事，衣類の着脱なども，保育士等の援助の下で自分で行うようになる。発声も明瞭になり，語彙も増加し，自分の意思や欲求を言葉で表出できるようになる。このように自分でできることが増えてくる時期であることから，保育士等は，子どもの生活の安定を図りながら，自分でしようとする気持ちを尊重し，温かく見守るとともに，愛情豊かに，応答的に関わることが必要である。
イ 本項においては，この時期の発達の特徴を踏まえ，保育の「ねらい」及び「内容」について，心身の健康に関する領域「健康」，人との関わりに関する領域「人間関係」，身近な環境との関わりに関する領域「環境」，言葉の獲得に関する領域「言葉」及び感性と表現に関する領域「表現」としてまとめ，示している。
ウ 本項の各領域において示す保育の内容は，第1章の2に示された養護における「生命の保持」及び「情緒の安定」に関わる保育の内容と，一体となって展開されるものであることに留意が必要である。
(2) ねらい及び内容

(略)

オ 表 現
感じたことや考えたことを自分なりに表現することを通して，豊かな感性や表現する力を養い，創造性を豊かにする。
(ア) ねらい
① 身体の諸感覚の経験を豊かにし，様々な感覚を味わう。
② 感じたことや考えたことなどを自分なりに表現しようとする。
③ 生活や遊びの様々な体験を通して，イメージや感性が豊かになる。
(イ) 内 容
① 水，砂，土，紙，粘土など様々な素材に触れて楽しむ。
② 音楽，リズムやそれに合わせた体の動きを楽しむ。
③ 生活の中で様々な音，形，色，手触り，動き，味，香りなどに気付いたり，感じたりして楽しむ。
④ 歌を歌ったり，簡単な手遊びや全身を使う遊びを楽しんだりする。
⑤ 保育士等からの話や，生活や遊びの中での出来事を通して，イメージを豊かにする。
⑥ 生活や遊びの中で，興味のあることや経験したことなどを自分なりに表現する。
(ウ) 内容の取扱い
上記の取扱いに当たっては，次の事項に留意する必要がある。

① 子どもの表現は、遊びや生活の様々な場面で表出されているものであることから、それらを積極的に受け止め、様々な表現の仕方や感性を豊かにする経験となるようにすること。
　　　　② 子どもが試行錯誤しながら様々な表現を楽しむことや、自分の力でやり遂げる充実感などに気付くよう、温かく見守るとともに、適切に援助を行うようにすること。
　　　　③ 様々な感情の表現等を通じて、子どもが自分の感情や気持ちに気付くようになる時期であることに鑑み、受容的な関わりの中で自信をもって表現をすることや、諦めずに続けた後の達成感等を感じられるような経験が蓄積されるようにすること。
　　　　④ 身近な自然や身の回りの事物に関わる中で、発見や心が動く経験が得られるよう、諸感覚を働かせることを楽しむ遊びや素材を用意するなど保育の環境を整えること。
　3　3歳以上児の保育に関するねらい及び内容
　　(1) 基本的事項
　　　ア　この時期においては、運動機能の発達により、基本的な動作が一通りできるようになるとともに、基本的な生活習慣もほぼ自立できるようになる。理解する語彙数が急激に増加し、知的興味や関心も高まってくる。仲間と遊び、仲間の中の一人という自覚が生じ、集団的な遊びや協同的な活動も見られるようになる。これらの発達の特徴を踏まえて、この時期の保育においては、個の成長と集団としての活動の充実が図られるようにしなければならない。
　　　イ　本項においては、この時期の発達の特徴を踏まえ、保育の「ねらい」及び「内容」について、心身の健康に関する領域「健康」、人との関わりに関する領域「人間関係」、身近な環境との関わりに関する領域「環境」、言葉の獲得に関する領域「言葉」及び感性と表現に関する領域「表現」としてまとめ、示している。
　　　ウ　本項の各領域において示す保育の内容は、第1章の2に示された養護における「生命の保持」及び「情緒の安定」に関わる保育の内容と、一体となって展開されるものであることに留意が必要である。
　　(2) ねらい及び内容

(略)

　　　オ　表　現
　　　　感じたことや考えたことを自分なりに表現することを通して、豊かな感性や表現する力を養い、創造性を豊かにする。
　　　(ア)　ねらい
　　　　① いろいろなものの美しさなどに対する豊かな感性をもつ。
　　　　② 感じたことや考えたことを自分なりに表現して楽しむ。
　　　　③ 生活の中でイメージを豊かにし、様々な表現を楽しむ。
　　　(イ)　内　容
　　　　① 生活の中で様々な音、形、色、手触り、動きなどに気付いたり、感じたりするなどして楽しむ。
　　　　② 生活の中で美しいものや心を動かす出来事に触れ、イメージを豊かにする。
　　　　③ 様々な出来事の中で、感動したことを伝え合う楽しさを味わう。
　　　　④ 感じたこと、考えたことなどを音や動きなどで表現したり、自由にかいたり、つくったりなどする。
　　　　⑤ いろいろな素材に親しみ、工夫して遊ぶ。
　　　　⑥ 音楽に親しみ、歌を歌ったり、簡単なリズム楽器を使ったりなどする楽しさを味わう。
　　　　⑦ かいたり、つくったりすることを楽しみ、遊びに使ったり、飾ったりなどする。
　　　　⑧ 自分のイメージを動きや言葉などで表現したり、演じて遊んだりするなどの楽しさを味わう。
　　　(ウ)　内容の取扱い
　　　　上記の取扱いに当たっては、次の事項に留意する必要がある。

① 豊かな感性は，身近な環境と十分に関わる中で美しいもの，優れたもの，心を動かす出来事などに出会い，そこから得た感動を他の子どもや保育士等と共有し，様々に表現することなどを通して養われるようにすること。その際，風の音や雨の音，身近にある草や花の形や色など自然の中にある音，形，色などに気付くようにすること。

② 子どもの自己表現は素朴な形で行われることが多いので，保育士等はそのような表現を受容し，子ども自身の表現しようとする意欲を受け止めて，子どもが生活の中で子どもらしい様々な表現を楽しむことができるようにすること。

③ 生活経験や発達に応じ，自ら様々な表現を楽しみ，表現する意欲を十分に発揮させることができるように，遊具や用具などを整えたり，様々な素材や表現の仕方に親しんだり，他の子どもの表現に触れられるよう配慮したりし，表現する過程を大切にして自己表現を楽しめるように工夫すること。

就学前の子どもに関する教育，保育等の総合的な提供の推進に関する法律（抄）（平成29年4月26日法律第25号改正，平成30年4月1日施行）

平成18年6月15日法律第77号

第三章　幼保連携型認定こども園

（教育及び保育の目標）

第九条　幼保連携型認定こども園においては，第二条第七項に規定する目的を実現するため，子どもに対する学校としての教育及び児童福祉施設（児童福祉法第七条第一項に規定する児童福祉施設をいう。次条第二項において同じ。）としての保育並びにその実施する保護者に対する子育て支援事業の相互の有機的な連携を図りつつ，次に掲げる目標を達成するよう当該教育及び当該保育を行うものとする。

一　健康，安全で幸福な生活のために必要な基本的な習慣を養い，身体諸機能の調和的発達を図ること。

二　集団生活を通じて，喜んでこれに参加する態度を養うとともに家族や身近な人への信頼感を深め，自主，自律及び協同の精神並びに規範意識の芽生えを養うこと。

三　身近な社会生活，生命及び自然に対する興味を養い，それらに対する正しい理解と態度及び思考力の芽生えを養うこと。

四　日常の会話や，絵本，童話等に親しむことを通じて，言葉の使い方を正しく導くとともに，相手の話を理解しようとする態度を養うこと。

五　音楽，身体による表現，造形等に親しむことを通じて，豊かな感性と表現力の芽生えを養うこと。

六　快適な生活環境の実現及び子どもと保育教諭その他の職員との信頼関係の構築を通じて，心身の健康の確保及び増進を図ること。

■編著者 　　　　　　　　　　　　　　　　　　　　　　　　（執筆担当）
岡　　　健（おか　けん）　　大妻女子大学家政学部教授　　　　　　第1章，第11章1
金澤　妙子（かなざわ　たえこ）　大東文化大学文学部准教授　　　　第2・6章，第11章2

■著　者（50音順）
今川　恭子（いまがわ　きょうこ）　聖心女子大学文学部教授　　　　第5章
岩田　遵子（いわた　じゅんこ）　　東京都市大学人間科学部教授　　第3章
岡田たつみ（おかだ　たつみ）　　　帝京大学教育学部准教授　　　　第10章
児嶋　輝美（こじま　てるみ）　　　徳島文理大学短期大学部教授　　第4・7章
坂本喜一郎（さかもと　きいちろう）　社会福祉法人たちばな福祉会 RISSHO KID'S きらり園長　第8章
田代　幸代（たしろ　ゆきよ）　　　共立女子大学家政学部教授　　　第9章
堂本真実子（どうもと　まみこ）　　認定こども園若草幼稚園園長　　第12章

演習　保育内容「表現」─基礎的事項の理解と指導法─

2019年（令和元年）7月20日　初版発行

編著者　岡　　　健
　　　　金　澤　妙　子
発行者　筑　紫　和　男
発行所　株式会社 建帛社 KENPAKUSHA

〒112-0011　東京都文京区千石4丁目2番15号
　　　　　　TEL　(03) 3944-2611
　　　　　　FAX　(03) 3946-4377
　　　　　　https://www.kenpakusha.co.jp/

ISBN978-4-7679-5103-4　C3037
© 岡　健・金澤妙子ほか，2019.
（定価はカバーに表示してあります）

亜細亜印刷／田部井手帳
Printed in Japan

本書の複製権・翻訳権・上映権・公衆送信権等は株式会社建帛社が保有します。

JCOPY 〈出版者著作権管理機構 委託出版物〉
本書の無断複製は著作権法上での例外を除き禁じられています。複製される場合は，そのつど事前に，出版者著作権管理機構（TEL03-5244-5088，FAX 03-5244-5089，e-mail : info@jcopy.or.jp）の許諾を得て下さい。